Sebastian Reinfeldt, Alles richtig gemacht?

Ischgl und die Folgen

Sebastian Reinfeldt

ALLES RICHTIG GEMACHT?

ISCHGL UND DIE FOLGEN

Bibliografische Information der Deutschen Nationalbibliothek:
Die Deutsche Nationalbibliothek verzeichnet diese Publikation
in der Deutschen Nationalbibliografie; detaillierte bibliografische Daten sind im Internet über http://dnb.dnb.de abrufbar.

Herstellung und Verlag: BoD – Books on Demand, Norderstedt

ISBN: 978-3-7519-9336-4

Inhaltsverzeichnis

Im O-Ton

Dokumentation

Vorwort

«Wir sind Zwerge, die auf den Schultern von Riesen sitzen, um mehr und Entfernteres als diese sehen zu können». Ein Ausspruch, den Johannes von Salisbury einem anderen Philosophen zuschreibt, nämlich Bernhard von Chartres. Während meines Studiums habe ich mich über die Aussage geärgert. Denn ich mochte mich nicht als kleinen Zwerg sehen. Und das intellektuelle Wirken vergangener Generationen empfand ich nicht immer erhebend. Es kann nämlich auch eine gehörige Last sein, wenn der «Alpdruck toter Geschlechter» einen niederdrückt.

Nun, beim Abfassen dieses Vorworts, mit dem ich danken will, verstehe ich diese Aussage auf andere Weise. Eine intellektuelle Arbeit wie diese Recherche und das Niederschreiben sieht wie eine Leistung einer einzelnen Person aus: der Autor bzw. die Autorin, die als Subjekt für den Inhalt und für alle Fehler des Buchs rechtlich gerade steht.

In Wahrheit ruhe ich als Autor auf den Schultern von vielen, die mich unterstützen.

Damit aus den Gedanken an ein Buch zum Thema Ischgl ein Werk werden konnte, brauchte es tatkräftige Unterstützung. Diese habe ich bekommen.

So spendeten eine Reihe von Menschen (nicht wenige aus Tirol übrigens) nach einem öffentlichen Aufruf einen Geldbetrag, um meine Recherchekosten abzudecken. Danke sehr! Meine fast schon erwachsenen Kinder Emilia und Tobias, die ich gefragt habe, ob ich mit dem Buch loslegen soll, reagierten mit einem Daumen hoch: «Mach das, Papi». Auch Monika, meine Partnerin, ermunterte mich, und ließ in den folgenden Monaten nicht nach mit dem Mutmachen. Bekannte lasen Korrektur und halfen mit Tipps. Die Leute rund um den Semiosisblog stellten Infrastruktur zur Verfügung und sorgten für die Titelbild-Fotomontage.

Peter Kolba vom Verbraucherschutzverein gewährte mir Einblick in die Statements tausender Geschädigter und schenkte mir seinen Buchbeitrag über die juristische Aufarbeitung der Causa, der im O-Ton angehängt ist. Lydia Ninz steuerte Daten und Fakten bei, die ich noch unbedingt beachten sollte – womit sie immer völlig recht hatte.

Danke euch allen!

Dass ich also auf den Schultern von Riesen stehe, ist im übertragenen Sinn durchaus korrekt. Ohne die hier genannten Vielen könnte ich nicht annähernd so weit blicken.

So hoffe ich, dass ich mit dem derart gewonnenen Weitblick dazu beitragen kann, die Ereignisse besser zu verstehen, die dazu geführt haben, dass im Frühjahr 2020 ein kleiner Winterschiort in Tirol zum Corona-Superspreader Europas wurde.

<u>Anmerkung zur Zitierweise:</u> Materialiensammlungen, Dokumente und wissenschaftliche Veröffentlichungen habe ich in die Literaturliste im Kapitel 24 aufgenommen. Zitate aus Medienberichten sind mit Fundstelle jeweils in den Fußnoten aufgeführt. Die Endung *innen* wird verwendet, wenn alle Geschlechter mitgemeint sind.

1. Das Buch von vorne und von hinten lesen

Am Berg lugt sogar die Sonne durch die Wolken. Die Temperatur liegt deutlich über Null Grad. An diesem Freitag, den 13 März 2020, herrscht günstiges Schiwetter. Die Herren im gehobenen Alter, die gegen Mittag die Pisten bei Ischgl hinunter wedeln, genießen ihren letzten Urlaubstag. Unter ihnen ist der pensionierte österreichische Journalist H.S.. Er ist 72 Jahre alt und pumperlgesund, wie man so sagt.

Eigentlich wollte er die paar Tage gar nicht im Paznauntal in Tirol verbringen. Doch jemand aus seinem Freundeskreis musste den Schiausflug kurzfristig absagen. Und so sprang er gerne ein, denn er liebt Schifahren und Bewegung tut ihm gut. Da er in Pension ist, hat er auch ausreichend Zeit.

Anscheinend geht auch an diesem Freitag in Ischgl alles seinen normalen Gang. Bevor er sich zur Mitfahrt entschließt, checkt H.S. öffentlich zugängliche Quellen nach Infos zur Coranalage in Tirol. Möglicherweise hat er dabei zwei Meldungen auf der offiziellen Homepage Tirols entdeckt und gelesen. Die eine, sie ist vom 5. März 2020, lautet:

> Isländische Gäste im Tiroler Oberland dürften sich bei Rückflug im Flugzeug mit Coronavirus angesteckt haben.[1]

Die andere Meldung ist von Sonntag, 8. März 2020. Sie erwähnt einem an COVID-19 erkrankten Mitarbeiter der Après-Ski-Bar Kitzloch. Dazu heißt es:

> *Eine Übertragung des Coronavirus auf Gäste der Bar ist aus medizinischer Sicht eher unwahrscheinlich", informiert Anita Luckner-Hornischer von der Landessanitätsdirektion Tirol. (...)*
>
> *Es gibt keinen Grund zur Beunruhigung.*[2]

Bars wie das Kitzloch besucht H.S. eh nicht. Dafür fühlt er sich nämlich schon ein wenig zu alt. Außerdem gebe es keinen Grund zur Beunruhi-

---

1   LPD Beilagen 2, 409/395 und auf *orf.at Tirol:* https://tirol.orf.at/stories/3037672/ (abgerufen am 15.9.2020). Siehe auch Kapitel 20 im Buch.

2   Pressemitteilung des Land Tirol: «Erhebungen zu am Coronavirus erkrankten Norweger im Bezirk Landeck weiter im Gange». Siehe für den vollständigen Text auch das Kapitel 22 im Buch.

gung, erklärt das Land Tirol noch Anfang dieser Woche. Die Homepage www.ischgl.com enthält auch keine Hinweise auf Corona im Ort. Also sagt er zu. Wie alle anderen aus der Gruppe reist er mit der Bahn über den Bahnhof der Bezirkshauptstadt Landeck an.

So wie in den vergangenen Tagen ziehen auch an diesem Freitag die Lifte und Gondeln der Silvretta Seilbahn AG die Urlaubsgäste die Berge hinauf. Hotels und Restaurants im Ort haben geöffnet. Lediglich die Après-Ski-Bars sind geschlossen. Dort sei es wegen Corona zu gefährlich. Die Wintersaison in Ischgl wird dieses Wochenende enden. Daher haben sich die Herren entschlossen, am Freitag noch ein letztes Mal die Abfahrten zu genießen. Am Samstag fahren sie dann gemütlich heim, glauben sie.

Gegen 14 Uhr läutet sein Handy. Als er abnimmt, hört er seine Frau aufgeregt sagen, dass er sofort aus Ischgl verschwinden müsse. Der österreichische Bundeskanzler Sebastian Kurz habe gerade erklärt, das Paznauntal und besonders Ischgl stünden «ab sofort» unter Quarantäne. Grund: Das Corona-Virus gehe dort massiv um. Derzeit könnten Österreicherinnen und Österreicher noch ausreisen. Ansonsten würden sie im Ort isoliert. Er müsse sich beeilen.

Die Gruppe um H.S. ist mit öffentlichen Verkehrsmitteln nach Ischgl gereist. Wie sollen sie nun aus dem Tal hinaus kommen? Alle Taxis sind natürlich schon besetzt und unterwegs. In seinem Garni-Hotel im Ort wird berichtet, dass gegen 16 Uhr ein öffentlicher Bus nach Landeck fahre. Den müssten die Herren erwischen. Ansonsten kämen sie in Ischgl vielleicht für zwei Wochen unter Quarantäne.

Eilig packen sie ihre Sachen zusammen und machen sich auf den Weg. Die Linie 260 fährt bis Landeck Bahnhof, wo sie in den ÖBB-Railjet nach Wien umsteigen können. An der der Ischgler Haltestelle angekommen, sehen sie, dass viele Menschen auf diesen Bus setzen, der die einzige Ausfallstraße aus Ischgl hinaus fährt. Es wird eng werden.

Zusammengepfercht stehen die Fahrgäste schließlich im Bus, der sich stundenlang und nur im Schritttempo durch das Paznauntal quält. Stau. Drei Mal werden sie dabei von der Polizei kontrolliert. Sie haben ihre Ausweise dabei und die Gästekarte aus Ischgl. Das genügt, damit sie durchgelassen werden. Wohlbehalten kommt H.S. schließlich heim, in die Nähe von Gänserndorf in Niederösterreich.

Wenige Tage später fühlt er sich nicht gut. Am 17. März bekommt er Fieber, meldet sich bei den niederösterreichischen Behörden und erhält am 22. März gegen Abend sein Corona-Testergebnis: Er ist positiv.

Sein Zustand verschlechtert sich dramatisch. Zuerst kommt er ins örtliche Krankenhaus, landet dort auf der Intensivstation und muss schließlich in die Landesklinik nach St. Pölten verlegt werden. Am 10. April, dem Karfreitag, stirbt er. [3]

Im Nachhinein ist es einfacher, die Dinge angemessen einzuschätzen und richtig zu reagieren. Die Fragen im Fall H.S. liegen auf der Hand: Warum hat es keine akkuraten Informationen über die wirkliche Situation im Ort gegeben? Wie kam diese chaotische Abreise zustande, die mutmaßlich die Ursache für seine Erkrankung war? Was ging in Ischgl vor, während die Herrenrunde dort urlaubte?

Wir kennen solche Gedanken, wenn uns nach einem heftigen Streit das Gesagte leid tut. Entschuldigen kann man sich dann. Ungeschehen machen, das geht allerdings nicht. Auf die offiziellen Meldungen, dass es in Ischgl kein Corona gebe, haben sich Urlaubsgäste verlassen. Nicht nur der Journalist H.S.. Das Chaos bei der Abreise, als das Virus dann massiv im Ort umging, ist nur ein Glied in einer Serie gravierender Fehler und Fehleinschätzungen der Behörden, deren Hintergründe aufgeklärt gehören. Sie beginnt mit den irreführenden Informationen über die Corona-Lage im Ort und endet mit dem unklaren Verbleib der Gästeausreiseblätter, mit denen die Gesundheitsbehörden in den Ländern der Heimreisenden hätten informiert werden sollen.

Auf Besserwisserei im Nachhinein spielt der Tiroler Landeshauptmann (= Ministerpräsident eines Bundeslands) Günther Platter (Österreichische Volkspartei ÖVP) an, wenn er meint, dass es im Fall Ischgl einfach sei, das Buch von hinten zu lesen.

So gibt er der Tageszeitung Kurier bereits am 16. März 2020 ein Interview, in dem er diese Ansage begründet:

> *Ein Buch von hinten zu lesen, ist immer einfacher. Man muss bedenken, dass es eine solche Situation noch nie gegeben hat.*

---

3   Die Informationen in dieser Passage stammen aus der Amtshaftungsklage gegen die Republik Österreich der Hinterbliebenen von H.S, die am 21.9.2020 am Landesgericht für Zivilsachen Wien eingebracht wurde. Siehe: *Klage Corona (H.S.)* 2020

Berühmt ist die titelgebende Formulierung des Tiroler Gesundheitslandesrates Bernhard Tilg (ebenfalls ÖVP) in einem Interview im Rahmen der Nachrichtensendung des ORF-Fernsehens, der Zeit im Bild 2, just einen Tag zuvor. Immer wieder wiederholt Tilg:

Die Behörden haben alles richtig gemacht! [5]

Aber es gibt einen Unterschied zwischen unserem alltäglichen Besserwissen bei Fehlern im Nachhinein und den Ereignissen rund um die COVID-19 Infektionen in Ischgl. Abgesehen von dem fraglichen Wahrheitsgehalt des Satzes *Wir haben alles getan, als bekannt wurde…*, markiert diese frühe Aussage des Tiroler Spitzenpolitikers Platter eine durchgängige Verteidigungslinie der Tiroler Behörden und der dortigen Tourismuswirtschaft auf Kritik. Sie gestehen Fehler nicht ein, sondern sie verbergen diese, solange es irgendwie geht. Antworten auf kritische Nachfragen müssen über Umwege recherchiert werden, bis die Behörden schließlich auch ihnen unbequeme Tatsachen bestätigen. Durch diese Salami-Taktik wird das Problem in kleine Stückchen gehackt und erscheint in Summe wesentlich kleiner, als es in Wirklichkeit ist.

So tricksen die Verantwortlichen bei der Aufklärung des Falls Ischgl. Statt Transparenz und Klarheit zu schaffen, stiften sie Verwirrung.

Richtig an der Aussage Platters ist zweifelsohne, dass die COVID-19 Pandemie bis heute weltweit eine zuvor nicht bekannte Herausforderung darstellt. Doch kann diese Feststellung nicht als Erklärung für jegliches Fehlverhalten der Verantwortlichen herhalten.

Die schiere Zahl an Ischgl-Geschädigten − der österreichische Verbraucherschutzverein (VSV) spricht aktuell von mehr als 5000 Personen weltweit und von 32 Toten durch Ischgler Corona-Infektionen macht es dringend nötig, dass die Ereignisse, Abläufe und Handlungen

---

4   Platter zu Ischgl: «Wir haben uns nichts vorzuwerfen», *Kurier* vom 16.3.2020, Wir haben uns nichts vorzuwerfen (abgerufen am 1.9.2020)

5   Zeit im Bild 2 am 15. März 2020, Zusammenfassung auf *ORF.at,* 16.3.2020: Ischgl: Tirols Behörden «haben alles richtig gemacht», https://orf.at/stories/3158158/#:~:text=%E2%80%9EDie%20Beh%C3%B6rden%20haben%20alles%20richtig,aus%20Ischgl%20unkontrolliert%20ausreisen%20lassen (abgerufen am 1.9.2020)

bzw. Nicht-Handlungen im Februar und März 2020 aufgeklärt werden.[6] Sowohl die Opfer, die teils noch an Folgeschäden leiden und erst recht die Angehörigen von Verstorbenen haben ein Recht zu erfahren, warum und wie das alles passiert ist. Eine solche Aufklärung sollte von unabhängiger Seite aus geschehen: Wer wusste was und wann? Wer war verantwortlich und was waren die Hintergründe für das Handeln oder Nicht-Handeln – der Verantwortlichen?

Wir müssen das Ischgl Buch also von hinten lesen. So funktioniert Aufklärung nun mal. Wir können es aber auch von vorne lesen. Dann führen wir uns vor Augen, wie sich das Geschehen für die Akteure in ihrer damaligen Situation dargestellt hat. Diese Perspektive ist für eine gute Aufklärung ebenso relevant.

In dem vorliegende Buch lese ich die Dokumente und Aussagen zu den Vorkommnissen in Ischgl in beide Richtungen, von hinten und von vorne. Dabei greife ich meine kontinuierliche Berichterstattung im Semiosisblog (http://www.semiosis.at/) auf und beziehe mich auf Recherchen vor Ort, direkt in Tirol.

Zusätzlich konnte ich behördliche Dokumente, E-Mails, Interviews, Antworten auf parlamentarische Anfragen, Berichte von Augenzeug*innen, Zeitungsberichte und Ermittlungsakten der Polizei und der Staatsanwaltschaft recherchieren und auswerten. Schließlich sind auch die Erkenntnisse aus dem Bericht der Expertenkommission eingearbeitet, die im Auftrag der Tiroler Landesregierung den Fall Ischgl untersucht hat. Diese Quellen fördern nicht nur gravierende Fehleinschätzungen zutage. Sie machen auch sichtbar, wie die Behörden seit März 2020 versucht haben, ihnen unangenehme Tatsachen zu vertuschen.

Da ich aber weder Ankläger noch Richter bin, gilt in jedem Fall und bezogen auf jede Person, die hier genannt wird, die Unschuldsvermutung.

---

6   «Bereits 30 Tote nach Corona-Ausbruch in Ischgl», hieß es in *Der Standard* am 21. August 2020, https://www.derstandard.at/story/2000119493958/bereits-30-tote-nach-corona-infektion-in-ischgl (abgerufen am 1.9.2020). Siehe auch den Beitrag von VSV-Obmann Peter Kolba in Kapitel 18 dieses Buches.

Die Vorgeschichte: Corona-Infektionen in Österreich

Für die Aufklärung der Geschehnisse in Ischgl und in Tirol gibt es zwei einschneidende Momente: Der erste ist die Ankunft des Virus im Ort, den die behördlichen Meldungen aus Island angezeigt haben. Und der zweite ist die Ausreise der Gäste und Saisonmitarbeiter*innen, nachdem Bundeskanzler Sebastian Kurz (ÖVP) die Quarantäne über das Paznauntal verlautbart hat.

Zu jener Zeit, Mitte März 2020, war die Existenz des neuartigen Virus gerade erst drei Monate bekannt.

Am 8. Dezember 2019 wird erstmals behördlich über Personen mit Symptomen einer Lungenkrankheit im chinesischen Wuhan informiert, der Provinzhauptstadt der Provinz Hubei. Epidemiolog*innen haben inzwischen zurückgerechnet, dass die ersten Infektionen mit dem Virus bereits irgendwann zwischen September und November 2019 erfolgt sein müssen. Erst am 31. Dezember 2019 meldet China an die Weltgesundheitsorganisation (WHO) Erkrankungen durch einen neuartigen Erreger.

Am 5. Januar publiziert die WHO ihren ersten Bericht über «Pneumonia of unknown cause – China».[7] Die Ursache der Lungenerkrankungen in China ist zu dieser Zeit noch unbekannt. Das Virus trägt auch noch keinen Namen. Zunächst wird die Bezeichnung Corona (nach der Virusfamilie Coronaviridae) gebräuchlich, später wird die Krankheit «SARS-CoV-2 bzw. COVID-19» genannt, was nichts anderes heißt als «**Co**rona **Vi**rus **D**isease 20**19**».[8] Jedenfalls gibt es am 5. Januar 2020 44 Fälle in Wuhan. Als Ausbruchsort der Infektionen wird der Meeresfrüchte-Markt in der Stadtmitte angenommen.

Am 12. Januar übermitteln die chinesischen Gesundheitsbehörden eine Sequenz des Virus-Genoms an die WHO. Wenige Tage vorher, im Januar 2020, öffnet die Europäische Union das Frühwarnsystem «Early

---

7   World Health Organisation WHO 2020: Pneumonia of unknown cause – China. Emergencies preparedness, response, 5. Januar, New York

8   «SARS-CoV-2 (Severe acute respiratory syndrome coronavirus type 2) ist ein neues Beta-Coronavirus, das Anfang 2020 als Auslöser von COVID-19 identifiziert wurde.» Robert Koch-Institut 2020: *SARS-CoV-2 Steckbrief zur Coronavirus-Krankheit-2019 (COVID-19)*, https://www.rki.de/DE/Content/InfAZ/N/Neuartiges_Coronavirus/Steckbrief.html (abgerufen am 11.10.2020)

Warning and Response System of the European Union» (EWRS) für Fälle mit dem neuen Virus. Die Europäische Gesundheitsbehörde warnt damit frühzeitig vor einer

> *serious cross-border threat to health. // ernsten, grenzüberschreitenden Bedrohung für die Gesundheit* [9]

Im Meldesystem EWRS werden die Fälle von infizierten, erkrankten und verstorbenen Patien*innen übertragbarer Krankheiten erfasst. Alle Mitgliedsländer (inklusive der Schweiz, Norwegen und Island) müssen solche Krankheiten, die «*von gemeinschaftlicher Bedeutung*» sind, über das System melden. Es besteht aus zwei elektronischen Nachrichtenkanälen: zum einen dem allgemeinen Benachrichtigungskanal, über den standardisiert Informationen über das Auftreten übertragbarer Krankheiten ausgetauscht werden sowie zum anderen aus einem zweiten selektiven Kanal, der für Ermittlung von Kontaktpersonen bei übertragbaren Krankheiten genutzt wird.[10] Meldungen, die über dieses System an das Gesundheitsministerium in Wien gelangen, werden für die Ereignisse in und um Ischgl von hoher Bedeutung sein.

 Am österreichischen Kontaktpunkt in Wien sitzen abwechselnd der Abteilungsleiter im Gesundheitsministerium, Bernhard Benka (Abteilung Übertragbare Erkrankungen, Krisenmanagement, Seuchenbekämpfung), und Franz Allerberger (Leiter des Geschäftsfelds Öffentliche Gesundheit bei der halbstaatlichen AGES).

 Kurze Zeit nachdem COVID-19 im Meldesystem EWRS erfasst werden konnte, melden die chinesischen Behörden bereits den ersten COVID-19-Todesfall.[11] Am 23. Januar schließlich riegeln die Behörden die Stadt Wuhan ab. Sie versuchen so, die Verbreitung des Virus einzudämmen. Das Gesundheitssystem in der Stadt geht in die Knie, die

---

9   Siehe das Dokument des Europäischen Parlaments, *Answer given by Ms Kyriakides on behalf of the European Commission*, E-002015/2020, 24.7.2020

10   Zusammenfassung nach: Der Europäische Datenschutzbeauftragte 2020: *Stellungnahme zu einer am 18. Februar 2009 von der Europäischen Kommission erhaltenen Meldung für die Vorabkontrolle in Bezug auf das Frühwarn- und Reaktionssystem (Early Warning Response System, EWRS)*, Brüssel https://edps.europa.eu/sites/edp/files/publication/10-04-26_ewrs_de.pdf (abgerufen am 1.9.2020)

11   Die folgende Zusammenfassung orientiert sich an: A Timeline of the Coronavirus Pandemic, *New York Times*, 6. August 2020, https://www.nytimes.com/article/coronavirus-timeline.html (abgerufen am 1.9.2020)

Krankenhäuser sind überfüllt, das Personal arbeitet rund um die Uhr. Es kommt zu dramatischen Szenen und vielen Toten.

Zweifelsohne haben die chinesischen Gesundheitsbehörden zu spät reagiert. Berühmt wurde der Augenarzt Li Wenliang, der am 30. Dezember 2019 Berichte über die Krankheitssymptome, die das neuartige Virus hervorruft, öffentlich gemacht hatte. Die Polizei ermahnte ihn daraufhin - wegen der «Verbreitung von Gerüchten». [12]

Im Februar 2020 verstarb dieser chinesische Arzt an einer COVID-19 Erkrankung. Für die chinesische Bevölkerung ist er seitdem ein Held.

Mit der vollständigen Absperrung von Wuhan greifen die Behörden zu einem drastischen Mittel, um die Verbreitung des Virus zu stoppen.

Zu dieser Zeit sitzen wir in Europa noch vor den Fernsehgeräten und schauen zu, ob das Virus mittels Lockdown einer weit entfernten Stadt bekämpft werden kann. Wir ahnen nicht, dass wir wenige Wochen später selbst in einem teilweisen Lockdown stecken werden, damit wir weder uns noch andere Menschen anstecken und dadurch unsere Gesundheitssysteme überlasten. Und wer sich doch infiziert hat, wird möglicherweise im Krankenhaus um sein Leben kämpfen müssen, so wie tausende Menschen in China zu dieser Zeit.

Was wir indes sicher wissen: Es gibt auf absehbare Zeit keine wirksamen Medikamente und keine Impfung. Auch das macht dieses Virus so gefährlich.

---

12 Vgl: Whistleblower-Arzt aus Wuhan gestorben, *Deutsche Welle*, 7. Februar 2020, , https://www.dw.com/de/whistleblower-arzt-aus-wuhan-gestorben/a-52287707 (abgerufen am 1.9.2020)

2. Wie das Virus nach Tirol kommt

Am 24. Januar berichten einige Medien über die erste Infektion in Europa – und zwar in Frankreich. Im Nachhinein stellt sich heraus, dass diese Infektion doch nicht den erste Fall in Frankreich darstellt. Dieser datiert nämlich schon mit Dezember 2019.[13]

Ab Ende Januar geht es dann rasant schnell. Das Virus verbreitet sich in Europa. Die Institutionen reagieren. COVID-19 wird am 26. Januar 2020 auch in Österreich per Verordnung von Gesundheitsminister Rudi Anschober (GRÜNE) zur meldepflichtigen Krankheit erklärt.[14]

Wie genau das Virus dann nach Ischgl Tirol kommt, ist schwer nachvollziehbar. Ein Vergleich der Genomdaten positiver Testproben aus Österreich mit anderen öffentlich zugänglichen Genomen hat eine Schi-Tourismus-Spur ergeben. Denn die Viren aus dem Ischgl-Cluster passen genetisch gesehen gut zu Fällen im französischen Schigebiet Les Contamines-Montjoie in den Savoyen.[15]

Beinahe zeitgleich zu den Meldungen über COVID-19 Erkrankungen in Frankreich taucht in Tirol ein erster Fall auf. Da die betroffene Frau in Deutschland getestet wurde, zählt ihr Fall amtlich nicht zu Österreich.

Es handelt sich jedenfalls um eine 33 Jahre alte Deutsche, die vom 24. zum 26. Januar 2020 im Kühtai im Bezirk Imst in Tirol in der Schihütte Dortmund Urlaub gemacht hat. Sie erkrankt am 24. Januar.

Das Contact-Tracing (das Nachverfolgen ihrer persönlichen Kontakte und ein Check des Gesundheitszustands der Betroffenen) ergibt: Sie hat sich bei einer Person, die aus China stammt, in Deutschland bei einem berufsbedingten Treffen angesteckt. Wahrscheinlich passierte dies im Zeitraum vom 20. bis zum 22. Januar. Aber: Das genetische Muster des Virus der späteren Infektionen in Ischgl unterscheidet sich

---

13   Erster Corona-Fall in Frankreich schon im Dezember, *Deutsche Welle,* https://www.d-w.com/de/erster-corona-fall-in-frankreich-schon-im-dezember/a-53341847 (abgerufen am 1.9.2020)

14   15. Verordnung des Bundesministers für Arbeit, Soziales, Gesundheit und Konsumentenschutz betreffend anzeigepflichtige übertragbare Krankheiten 2020, https://rdb.-manz.at/document/ris.c.BGBl__II_Nr__15_2020 (abgerufen am 1.9.2020)

15   Es war nicht der Barkeeper, *Wiener Zeitung,* 21.7.2020, https://www.wienerzei-tung.at/nachrichten/politik/oesterreich/2068713-Es-war-nicht-der-Barkeeper.html (abgerufen am 14.10.2020)

von diesem sogenannten «München-Cluster», so dass diese Infektion
nicht die Ischgler Infektionswelle ausgelöst haben kann. Dies haben
österreichische Wissenschaftlerinnen und Wissenschaftler in ihrer Studie «Emergence of coronavirus disease 2019 (COVID-19) in Austria»
festgestellt. [16]

Mit 25. Februar 2020 datiert dann die erste registrierte Corona-Infekti-
on in Tirol. Sie wird im Innsbrucker Hotel Europa entdeckt. Eine italienische Rezeptionsmitarbeiterin und ihr Partner haben sich, wahrscheinlich zuvor in Italien, angesteckt.

Die Reaktion der Behörden: Sie riegeln das Hotel sofort ab. Der ORF
berichtet in den Fernsehnachrichten abends live aus Innsbruck.

> *Auf Anordnung des Landes wurde das Hotel Europa nahe dem
> Hauptbahnhof am späten Dienstagnachmittag vorübergehend
> isoliert – ebenso die Wohnstätte der Italienerin in Innsbruck.
> Rund 15 Polizisten standen im Einsatz, wie Innenminister Karl
> Nehammer (ÖVP) sagte. Sie sollen die Quarantäne-Maßnah-
> men «rasch und effizient umsetzen». Laut Information des
> Landes Tirol wird seitens der Behörden abgeklärt, welche der
> Gäste engeren Kontakt mit der am Coronavirus infizierten Itali-
> enerin gehabt haben.*

> *Der Sicherheitsbeauftragte der Stadt Innsbruck, Elmar Rizzoli,
> erklärte am Abend gegenüber ORF Radio Tirol, dass bei allen
> möglichen Kontaktpersonen Abstriche genommen würden. Ho-
> telgäste müssten bis zum Vorliegen eines Befundes im Zimmer
> bleiben. Mitarbeiter des Hotels dürften heim, für sie komme
> «Hausquarantäne» in Frage. [17]*

Die Behörden sperren das Hotel ab, testen alle Gäste, verfolgen die
Kontakte, isolieren das infizierte Paar und die Mitarbeiter*innen des
Hotels. Die beiden Infizierten sind in den Tagen zuvor in der Stadt un-
terwegs gewesen, während sie möglicherweise bereits infektiös waren.
Die regionale Tiroler Tageszeitung berichtet, dass die Betroffenen am
22. Februar auch mit Seilbahnen in Innsbruck unterwegs waren und

---

16   Siehe: Kreidl, P., Schmid, D., Maritschnik, S. et al. 2020: Emergence of coronavirus
      disease 2019 (COVID-19), Wien

17   Zusammenfassung auf *orf.at*: CoV: Infizierte in Hotel beschäftigt, 25. Februar 2020,
      https://tirol.orf.at/stories/3036275/ (abgerufen am 1.9.2020)

dass sie eine Bar, die Cloud 9, besucht haben.[18] Ihr Aufenthalt in den Gondeln der Seilbahn dauert etwa 15 Minuten. Das Land Tirol startet einen Aufruf und bittet andere Fahrgäste eine Telefon-Hotline anzurufen. Weitere Maßnahmen werden nicht ergriffen. Denn:

> *Eine Ansteckung mit dem Coronavirus für die weiteren Fahrgäste sei ‹aus medizinischer Sicht sehr unwahrscheinlich›, erklärte Landessanitätsdirektor Franz Katzgraber.*[19]

Nebenbei: Das Grand Hotel Europa, das seit 1869 in der Innsbrucker Innenstadt Gäste beherbergt, wird im September 2020 Insolvenz anmelden. Hauptursache laut Hotelleitung: die Pandemie. [20]

Ende Februar registrieren die Wiener Behörden die erste Infektion in der Bundeshauptstadt. Der Infektionsherd wird «Cluster Delta» genannt und umfasst sechs Fälle, bei denen die Herkunft der Infektion nicht ermittelt werden kann. Darunter ist der Fall eines 72 Jahre alten Rechtsanwalts, der zu diesem Zeitpunkt bereits im Spital liegt. Seine Infektion kommt zutage, weil der Wiener Krankenhausträger Krankenhaus-Patient*innen mit verdächtigen Symptomen auf COVID-19 testet. Der Betroffene überlebt die für ihn sehr schwere Erkrankung.[21]

Um das spätere Geschehen in Ischgl nachvollziehen zu können, ist die Entwicklung im geographisch nahen Italien – und hier besonders in Südtirol – entscheidend. Schließlich stammt das Paar, das in Innsbruck positiv getestet wurde, ja von dort.

Der erste bekannte Patient in Italien kommt am 17. Februar in Codogno in der Lombardei in ein Krankenhaus. Es handelt sich um einen 38 Jahre alten Manager, der bei Unilever arbeitet. Er wird später im Krankenhaus in Pavia behandelt. Er, seine schwangere Frau und das Kind überleben die Erkrankung, sein Vater stirbt an COVID-19.[22] Der Infektionsweg dieses ersten Patienten ist bis heute nicht vollständig geklärt.

---

18   Mit Coronavirus infizierte Italiener befanden sich am Samstag auf Seegrube, *Tiroler Tageszeitung,* 26.2.2020, https://liveblog.tt.com/414/coronavirus/60981/mit-coronavirus-infizierte-italiener-befanden-sich-am-samstag-auf-seegrube   (abgerufen am 3.10.2020)

19   Ebenda

20   Innsbrucker Grand Hotel Europa in Konkurs, https://tirol.orf.at/stories/3067359/ (abgerufen am 18.9.2020)

21   Vgl. Kreidl, et al. 2020: Emergence of coronavirus disease 2019 (COVID-19) in Austria, Wien

Wahrscheinlich ist die Ansteckung durch einen Kontakt mit einem chinesischen Manager passiert, dessen COVID-19-Tests allerdings durchwegs negativ waren.[23] Auch hier meinen die Expertinnen und Experten, dass dieser medial bekannte Fall nicht der erste Infizierte in Italien gewesen sei.

 Am 24. Februar meldet dann Südtirol seinen ersten COVID-19-Fall. Es handelt sich um einen 31-jährigen Südtiroler aus Terlan, der sich bei einem Verwandtschaftsbesuch in der Lombardei infiziert hat. Er wird durch Contact-Tracing ermittelt. Arno Kompatscher (SVP), der Landeshauptmann (= Ministerpräsident) der Autonomen Region Südtirol, berichtet in einem Zeitungsinterview:

> *Gerade hatte ich noch ein Treffen mit den Kollegen aus Tirol und Trentino. Wir sind übereingekommen: Es wird keine Kontrollen an den Grenzen eben. Die bleiben offen. Eine Schließung wäre auch nicht sinnvoll. Eine Ausbreitung von Viren muss lokal eingedämmt werden, nicht entlang von Landesgrenzen.* [24]

Welche Konsequenzen diese gemeinsame Linie der politisch Verantwortlichen aus Tirol, Südtirol und Trentino hat, wird einige Tage später deutlich. Am 6. März 2020 findet in Innsbruck ein Konzert der deutschen Schlagersängerin Andrea Berg statt. Eigentlich ist Fans aus Südtirol die Teilnahme verweigert. Dies hat die für Veranstaltungen und Sicherheit zuständige Innsbrucker Magistratsabteilung II entschieden. Die Begründung: Das Gesundheitsministerium in Wien hat noch am Nachmittag des Freitags Bozen auf eine rote Liste von Regionen gesetzt, in denen von anhaltender Übertragung von Corona ausgegangen werden muss. Das hat ein Teilnahmeverbot für Menschen aus Südtirol zur Folge.

---

22   Coronavirus Italiens «Patient 1» aus der Intensivstation entlassen, *Kleine Zeitung*, am 9. März 2020, https://www.kleinezeitung.at/international/corona/5782166/Coronavirus_Italiens-Patient-1-aus-der-Intensivstation-entlassen (abgerufen am 2.9.2020)

23   Italiens Patient 1 ist geheilt: «Ich hatte großes Glück», *Der SPIEGEL*, 24. 3. 2020, https://www.spiegel.de/panorama/gesellschaft/coronavirus-italiens-patient-nummer-1-ist-geheilt-ich-hatte-grosses-glueck-a-bebbec6f-c367-4e89-b3d6-72a675edacdf (abgerufen am 2.9.2020)

24   «In so einer Situation fährt man immer auf Sicht». Interview mit Arno Kompatscher, *Die Zeit*, 25. Februar 2020. https://www.zeit.de/gesellschaft/2020-02/suedtirol-coronavirus-notverordnung-ansteckungsgefahr-gesundheit (abgerufen am 2.9.2020)

Daraufhin interveniert der Tiroler Landeshauptmann Platter in Innsbruck und in Wien, so berichten mehrere Medien.[25] [26] Dabei hat er offenbar Erfolg. Denn schließlich wird Südtirol noch vor dem Konzertbeginn von der roten Liste gestrichen. Südtiroler*innen können nach Innsbruck kommen, um der Schlagersängerin zu lauschen, ihre Lieder mitzusingen und gemeinsam zu feiern.

> *(V)on den Konzertbesuchern sind keine Corona-Infektionen ausgegangen, wie man mir später versichert hat,* [27]

gibt Innsbrucks Bürgermeister Georg Willi (GRÜNE) im Nachhinein zu Protokoll. Wollen es die Verantwortlichen nicht so genau wissen, oder hat Innsbruck einfach Glück gehabt?

25   Nun also doch: Südtiroler dürfen zum Andrea-Berg-Konzert. STOL.it. 6. März 2020, https://www.stol.it/artikel/kultur/musik/nun-also-doch-suedtiroler-duerfen-zum-andrea-berg-konzert (abgerufen am 2.9.2020)

26   Misstöne nach Konzert von Andrea Berg in Innsbruck trotz Corona-Krise, *Tiroler Tageszeitung*, 8.5.2020, https://www.tt.com/artikel/16930310/misstoene-nach-konzert-von-andrea-berg-in-innsbruck-trotz-corona-krise (abgerufen am 2.9.2020)

27   Ebenda.

3. Im Februar 2020: Alles nur Grippe in Ischgl

Dieses Glück hat Ischgl nicht. Sicher ist aus heutiger Sicht, dass das Virus bereits im Februar 2020 im Ort umgeht. Eine Kellnerin aus der bekannten Après-Ski Bar namens «Kitzloch» erkrankt am 8. Februar. Einen ganzen Monat lang klagt sie immer wieder über Symptome. Erst im Zuge eine Cluster-Untersuchung am 9. März 2020 wird sie rückwirkend als positiv diagnostiziert.[28] Das Virus kann nämlich noch 60 Tage nach Infektion bei einem PCR-Test nachgewiesen werden.

Obwohl sie augenscheinlich ein Verdachtsfall ist, lebt diese Frau im Februar 2020 im Ort , ohne dass sie auf Cotona getestet wird. Mit dieser Erfahrung steht sie nicht alleine da. Ihr früher Infektionszeitpunkt ist laut der bereits erwähnten AGES-Studie «Emergence of coronavirus disease 2019 (COVID-19) in Austria» nicht der einzige Hinweis darauf, dass das Virus schon im Februar in Ischgl umgeht.

Dieselbe Untersuchung erwähnt einen Kellner aus dem Kitzloch, der am 27. Februar über Symptome klagt. Erst später wird auch er positiv getestet werden. Ein weiterer Gast des Kitzloch wird genannt. Er ist der dritte COVID-19 Patient mit Ischgl-Bezug und gehört zu einer Gruppe von Studierenden aus Norwegen, von denen bereits am 4. März ein erstes positives Testergebnis bekannt wird.

Ein britischer Ischgl-Urlauber, von dem man anfangs glaubt, er sei der britische «Patient 0», klagt nach seiner Rückkehr aus dem Urlaub aus Tirol im Januar 2020 über Symptome, die denen von COVID-19 ähneln.[29] Während seines Urlaubs besucht auch er das Kitzloch. Einer britischen Zeitung erzählt er, wie es dort zugeht:

> *Wir haben das Kitzloch besucht und es war gerammelt voll, die*
> *Menschen sangen und tanzten auf den Tischen. Den Leuten*
> *war heiß, sie haben vom Skifahren geschwitzt, die Kellner ha-*

---

28 AGES: «Erster Corona-Fall in Ischgl am 8. Februar», Kronenzeitung, 2.4.2020, https://www.krone.at/2129426

29 Coronavirus reawakens the class conflict lurking in Britain's bloodstream, The Times, 14. April 2020, https://www.thetimes.co.uk/article/coronavirus-reawakens-the-class-conflict-lurking-in-britains-bloodstream-ht3ctr8d0 (abgerufen am 8.9.2020)

ben hunderte Shots auf die Tische gestellt. Es gibt wohl keine bessere Brutstätte für ein Virus.[30]

Sowohl Gäste als auch Mitarbeiter*innen aus Hotels, Gasthäusern und Restaurants im Ort berichten im Zuge der Recherchen zu diesem Buch von ungeklärten Infektionen im Februar in Ischgl. Eine Urlauberin aus Deutschland meint etwa:

> *Ich war mit meinen 3 Kindern und meinem Mann vom 14. - 22. Februar in Ischgl – in einem Hotel der Familie P. Mein Mann erkrankte an einem Magen-Darm-Virus, der in Ischgl angeblich umging. Er hatte allerdings ungewöhnliche Symptome, die dieses «Magen-Darm-Virus» begleiteten. Zum gleichen Zeitpunkt erkrankten mindestens 3 Kellner und ein Kind einer deutschen Urlauberfamilie (hohes Fieber, Husten und Erbrechen). Im Nachhinein erfuhren wir, dass noch zwei weitere Gruppen im Speisesaal erkrankten – teilweise bei der Abreise und teilweise während sie dort waren.*
>
> *Die Familie des sogenannten ‹Gourmet Hotels› (…) war sehr unfreundlich, als wir versuchten herauszufinden, was das für ein Virus ist und erkundigten sich auch kein einziges Mal nach dem Befinden meines Mannes.*[31]

In dieser Schilderung lässt sich ein Muster erkennen, das sich auch in weiteren Berichten von Betroffenen wiederfindet: Das durchgängige Leugnen einer möglichen COVID-19-Infektion in Ischgl. Es gibt so gut wie keine medizinischen Untersuchungen, keine Nachkontrollen und besonders: Es wird nicht getestet. In Ischgl will offenbar niemand genau wissen, ob das Virus aktiv sein könnte.

Der durch die Medienberichte bekannte angebliche Kitzloch-Barkeeper (der in Wahrheit dort als Kellner arbeitet) mit einem norwegisch klingendem Namen samt Nachnamen ist definitiv nicht der erste

---

30   Englischer «Patient 0» könnte sich in Ischgl infiziert haben - im Jänner. *Kurier*, 27.3.2020, https://kurier.at/politik/ausland/coronavirus-englischer-patient-0-koennte-sich-in-ischgl-infiziert-haben-im-jaenner/400794533 (abgerufen am 8.9.2020)

31   Corona-Virus: «Österreich galt ja nicht als Risikogebiet!» – Chronologie der Ereignisse in Tirol, in: semiosis, 22.5.2020, http://www.semiosis.at/2020/05/22/corona-virus-oesterreich-galt-ja-nicht-als-risikogebiet-chronologie-der-ereignisse-in-tirol/ (abgerufen am 8.9.2020)

Ischgler COVID-19-Fall. Dies ergibt sich aus den beiden Perspektiven: Wenn wir das Buch von hinten und wenn wir es von vorne lesen.

Von hinten gelesen: Die Wissenschaftler*innen der AGES schreiben in ihrer bereits zitierten Studie in der Rückschau, dass das Virus schon einige Zeit zuvor om Ort umgeht.

> *In our opinion, undetected transmission of SARS-CoV-2 had been ongoing in Ischgl for some time prior to the first laboratory confirmed cases.*
>
> *// Unserer Meinung nach waren unentdeckte Übertragungen von SARS-CoV-2 einige Zeit vor den ersten, in Labors entdeckten Fällen aktiv.*[32]

Und was finden wir heraus, wenn wir das Buch von vorne lesen, mit dem Wissen und aus der Perspektive der Handelnden im Zeitraum Ende Februar und Anfang März 2020?

Einer der ersten Berichte über Unregelmäßigkeiten in Ischgl kommt aufgrund eines Hinweis eines deutschen Touristen zustande, dessen Reisegruppe sich im Ort mit dem Virus angesteckt hat. Am 14. März formuliert er sehr drastisch:

> *Die Ischgl-Mistsäcke wussten allerdings bereits seit spätestens Dienstag – vergangene Woche – um massivste Verdachtsfälle. Sie sagten aber nix, um die Saison zu retten. Erst am Dienstag mussten dann alle Après-Ski Läden schließen, mittlerweile ist Ischgl dicht.*[33]

Mit dem erwähnten «*Dienstag vergangene Woche*» ist der 3. März 2020 gemeint. Von da an wird es noch 10 Tage dauern, bis Ischgl unter Quarantäne gestellt werden wird. Zuvor ist von Corona im Ort keine Rede. Daher läuft der Wintertourismus ungebremst und auf Hochtouren.

---

32   Kreidl et al 2020: Emergence of coronavirus disease 2019 (COVID-19) in Austria, Wien, S.1 (Summary)

33   Coronavirus: «Die Ischgl-Mistsäcke wussten seit langem um massivste Verdachts-Fälle», *Semiosis*, 14.3.2020 https://www.semiosis.at/2020/03/14/coronavirus-die-ischgl-mistsaecke-wussten-seit-langem-um-massivste-verdachts-faelle/   (abgerufen 18.9.2020)

Nicht nur dieser Urlauber spricht über das Schweigen im Ort beim Thema Corona. Mitarbeiter*innen aus Hotellerie, Gastronomie und von den Schiliften berichten Ähnliches. So etwa der Koch eines Gourmet-Restaurants:

> *Wir wollten Gewissheit haben, ob wir gesund sind bzw. positiv und baten unseren Chef, einen Arzt ins Hotel kommen zu lassen, wie es auch in einigen anderen Hotels gemacht wurde. Dies wies er ausdrücklich ab. Daraufhin bin ich am selben Tag noch zum Hausarzt in Ischgl und wollte mich testen lassen. Dies wurde wiederum nicht gemacht, da ich keine Symptome aufwies. Aber ich hatte Kontakt mit mindestens einer positiv getesteten Person. Also sind – sicher Hunderte Mitarbeiter – unregistriert noch ausgereist, von denen mit Sicherheit eine Vielzahl positiv ist.* [34]

Diese Szene spielt sich am 13. März in den Stunden ab, bevor der Ort gänzlich abgesperrt werden wird. Sie macht deutlich, dass wir von einer Reihe von Infektionen deshalb nicht wissen können, weil der einzige Allgemeinmediziner vor Ort, Andreas Walser, selbst zu diesem späten Zeitpunkt nur selten eine medizinische Notwendigkeit für Tests bei Personen mit Symptomen sieht. Nicht bei Urlaubenden und nicht beim Personal.

Ein deutscher Mitarbeiter der Silvretta Seilbahn AG, die in Ischgl die Seilbahnen betreibt, beschreibt in einem Interview seine Erfahrungen vom Umgang mit dem Virus in Ischgl. Er ist eigentlich mit seiner Arbeit voll zufrieden. Doch hört er vor dem offiziellen Bekanntwerden von Corona im Ort.

> *Ich habe davon das erste Mal gehört Mitte Februar, um den 20. Februar herum. Dass es schon Fälle gab. Natürlich waren die Aussagen schwierig einzuschätzen.* [35]

---

34 Ein Koch aus Ischgl: «Die wollten uns nur los werden!», *Semiosis*, 17.3.2020, https://www.semiosis.at/2020/03/17/ein-koch-aus-ischgl-die-wollten-uns-nur-los-werden/ (abgerufen am 18.9.2020)

35 Abschrift des Video-Interviews mit einem Mitarbeiter der Silvretta-Seilbahn AG. In: *Semiosis*, 13.4.2020, http://www.semiosis.at/2020/04/13/ischgl-keine-untersuchungen-durch-den-arzt-kein-test-und-eine-inszenierte-abreise-unter-polizeischutz/ (abgerufen am 13.9.2020)

Weil er sich selbst nicht gut fühlt, kontaktiert er die Arztpraxis von Andreas Walser im Ort.

> *Ich habe mich beim Arzt telefonisch gemeldet und ich hab' ihm meine Situation erklärt. Dass ich Sorge hätte, weil ich Fiebererscheinungen hatte. Dann wurde ich über meinen aktuellen Zustand gefragt. Da habe ich gesagt, mir würde es sehr gut gehen. Aber, dass ich immer noch Halsschmerzen und Husten habe, habe ich erwähnt.*

> *Das wären keine eindeutigen Symptome der Erkrankung gewesen. Deswegen wurde ich nicht untersucht. [36]*

Die Diagnose für den Seilbahner erstellt eine Mitarbeiterin der Ordination am Telefon, ohne dass der Arzt den Betroffenen jemals persönlich gesehen hat. In Ischgl gibt es für ihn nicht nur keinen Test, sondern auch keine ärztliche Untersuchung. Und das trotz Symptomen, die auf eine mögliche Erkrankung durch das Virus hinweisen.

Solche Beobachtungen, von denen es seitens der Verantwortlichen gerne hieß, sie kämen nur vom «Hörensagen»[37], sind mittlerweile durch die Ergebnisse der wissenschaftlichen Studie «Emergence of coronavirus disease 2019 (COVID-19)» in Austria bestätigt. Tatsächlich geht das Virus bereits im Februar 2020 im Ort um. Anders ist der exponentielle Ausbruch von Infektionen im März 2020 nicht zu erklären.

Doch der einzige Hausarzt in Ischgl diagnostiziert – wenn er die Betroffenen überhaupt untersucht – durchgängig grippale Infekte und verordnet zwei bis drei Tage Ruhe. Und keinen Test.

Einen besonders krassen Fall für dieses Vorgehen schildert ein Kellner, der in einem renommierten Ischgler Hotel arbeitet:

> *Wir schreiben den 13.03.2020, zirka 8 Uhr morgens beim Hausarzt in Ischgl. Mein rechter Arm tut seit zwei Tagen weh und ich habe einen Ausschlag auf dem Unterarm. Bitte um Untersuchung. Der Hausarzt wäre Dr. Andreas Walser. Nach dem Erfragen, um das Corona Virus auszuschließen, wurde uns klar, dass ein Test notwendig seien würde, da es in dem Skigebiet*

---

36 Ebenda

37 Siehe: Corona-Causa in Ischgl & Co.: Viel Wirbel, keine Klagsflut, Tiroler Tageszeitung, 12.4.2020, https://www.tt.com/artikel/16850986/corona-causa-in-ischgl-co-viel-wirbel-keine-klagsflut (abgerufen am 13.9.2020)

schon etliche Fälle gab, obwohl noch keine Rede von Epidemie war. Allerdings hatte ich am Dienstag den 10.03.2020. ein wenig Fieber, 37,8 Grad , deswegen wurde ich auf Krankenstand geschickt bis zum 14.03.2020. Zwei Tage, um mich auszuruhen. Da kein Coronavirus-Test am Freitag vorhanden war, sollte ich am Montag, den 16.03., wieder zurück zum Arzt, um den Test zu machen. Bis dahin bekam ich Schmerzmittel.[38]

Der Gemeindearzt schickt also einen Patienten, der ganz offensichtlich ein COVID-19-Verdachtsfall ist, übers Wochenende weg und verabreicht ihm Schmerzmittel. Angeblich, weil kein Test vorhanden sei.

---

38   Mail des Betroffenen an den Verfasser vom 9. April 2020

In Ischgl bricht das Virus aus

Nach der ersten COVID-19-Erkrankung in Innsbruck am 25. Februar 2020 werden in Tirol und Wien Krisenstäbe eingerichtet. Es kommt zu einer Reihe von Beratungen, es werden Pläne ausgearbeitet und diskutiert.

Am 3. März 2020 erreicht den österreichischen EWRS-Kontaktpunkt in Wien eine erste amtliche Meldung über Infektionen in Österreich aus Island. Das Infektionsgeschehen nimmt erbarmungslos seinen Lauf, die Behörden erkennen aber nur isolierte Einzelfälle.

4. Krisenstäbe: «Das Coronavirus ist schwer zu übertragen»

Einen Tag, nachdem in Tirol der erste Corona-Infektionsfall im Hotel Europa gemeldet wird, kommt die Tiroler Landeseinsatzleitung in Innsbruck erstmals zusammen. Um 9 Uhr morgens.

Am selben Tag, dem 25. Februar, versammelt sich auch in Ischgl ein so genannter «Informationskreis» zu einer Besprechung. Bezeichnend für das gesellschaftliche Leben dort: In den Räumen des Tourismusverbands in der Dorfstr. 43 in Ischgl finden sich ausschließlich Männer ein. Und zwar Alexander von der Thannen, der Obmann des Verbands und Hotelier, sein Stellvertreter Michael Zangerl, die Verbandsgeschäftsführer Andreas Steibl und Dietmar Walser. Ihnen hinzu gesellen sich Markus Walser und Günther Zangerl von der Silvretta-Seilbahngesellschaft AG. Ferner nehmen der bereits erwähnte Hausarzt Andreas Walser und die beiden Bürgermeister Werner Kurz (der erste Bürgermeister) und Emil Zangerl (sein Vize) teil, sowie der Polizist M.W..[39]

In der Sitzung besprechen die Herren die Informationen des Landes Tirol zu den Corona-Maßnahmen. Laut Protokoll legen sie an diesem Tag fest, dass der Tourismusverband aktuelle Informationen und einen Leitfaden (das «Merkblatt für Verdachtsfälle betreffend den Coronavirus») an seine Mitgliedsbetriebe verteilt. Auch die Seilbahngesellschaft will ihre Betriebsangehörige über die aktuellen Entwicklungen sowie die Vorgangsweise bei einem möglichen Verdachtsfall im Skigebiet in-

---

39   LPD Beilagen 1, 453

formieren. Dieser Informationskreis wird sich in der Folge immer wieder zu Besprechungen zusammen finden. Eingeladen wird über eine WhatsApp-Gruppe mit dem Titel «Corona». Über sie tauschen die Verantwortlichen Infos zum Thema aus, sie posten Zeitungsartikel, teilen Videos und Einschätzungen zur Lage.

Drei Tage danach, am 28. Februar, findet im Wiener Innenministerium, in der Herrengasse 7, um 7:30 Uhr ein Briefing des SKKM-Krisenstabs im Innenministerium statt. Die Abkürzung SKKM steht für S̲taatliches K̲risen- und K̲atastrophenschutzmanagement. Hier sind fünf Ministerien vertreten, und zwar Inneres, Äußeres, Landesverteidigung, Gesundheit und das Kanzleramt. Zudem finden sich Vertreter*innen aller neun Bundesländer ein, die Einsatzorganisationen und der ORF. Die Behörden beginnen also, die kommende Corona-Krise ernst zu nehmen. Das Morgenbriefing im SKKM gibt jeweils einen Überblick über die Lage im Land. An diesem Tag steht die Situation in Tirol prominent an der Spitze des Briefing-Dokuments. Vermerkt sind: «2 Corona-Erkrankungen seit dem 25. 2.» (das ist das Innsbrucker Paar) und in roter Schrift: «3 weitere Corona-Erkrankungen am 27.2. in Wien». Es folgen Einschätzungen zu den medizinischen Ressourcen, zu den Arzneimitteln und zur Infrastruktur. Breiten Raum nimmt interessanterweise eine Analyse der Social-Media-Aktivitäten ein. Österreich scheint gut vorbereitet zu sein. Aus den Dokumenten geht hervor, dass die Behörden eifrig Vorkehrungen für den Ernstfall treffen. Die Kommunikation müsse verbessert werden, heißt es.[40]

Nur: In diesem und in den folgenden Briefings taucht das Thema «Ischgl» überhaupt nicht auf. Die größte Sorge des Krisenstabs im Innenministerium in bezug auf Tirol gilt dem Grenz- und Reiseverkehr. Dass in Ischgl ein Coronavirus-Spreader entsteht, hatten die Briefing-Dokumente nicht auf dem Schirm. Wenige Stunden nach diesem ersten Termin des Tages präsentiert eine «Planungszelle» des Koordinationsstabs ihre Überlegungen zum äußersten Fall, dem eines massiven Virenausbruchs in Österreich.

Sie propagieren eine Isolieren und Schützen-Strategie. «Die Masse der Verdachtsfälle» solle dezentral mittels «Verkehrsbeschränkung» isoliert werden, die «Überwachung (Bestreifung)» erfolge durch die Exekutive,

---

40   SKKM Koordinierung, Sitzung vom 28. Februar 2020

solange das nicht über die Kapazitätsgrenze der Polizei gehe - so der Plan. Wenn sich das aufgrund der Masse der Fälle nicht mehr ausgeht, helfen entweder andere Beamte aus oder es wird über eine «zentrale Unterbringung in Quarantäne-Unterkünften» nachgedacht. So jedenfalls lautet der Vorschlag zur Entscheidung an politische Führung, einem Bericht der Wochenzeitung Falter zufolge. [41]

Zwei Wochen später laufen die Quarantänemaßnahmen in Ischgl vollkommen anders ab als dies die Planungszelle ausgearbeitet hat.

Wenige Stunden nach dem Treffen im Innenministerium setzt sich im Sozialministerium der nächste Krisenstab erstmals zusammen: Es ist dies der «Beraterstab der Taskforce Corona». Dort diskutieren die Verantwortlichen aus dem Gesundheitsministerium (in Österreich ist das Sozialministerium, das Gesundheitsministerium, der Konsument*innenschutz und die Pflege in einem Ministerium vereint) und eine Reihe von Expert*innen, wie das Gesundheitssystem im Land auf eine wahrscheinliche Pandemie vorzubereiten ist. Konkret geht es etwa darum, ob ausreichend Tests vorhanden sind (das sei nicht der Fall) und welche Teststrategie daher sinnvoll ist (nur bei engsten Kontaktpersonen und Symptomen). Wie und wo sie die fehlenden Masken besorgen können, ist eine weitere Frage. Außerdem bespricht die Runde, nach welchen Vorgaben künftig in Krankenhäusern operiert werden soll (die Standard Operating Procedure) sowie die Besuchsregeln in Krankenhäusern. Auch Schutzausrüstungen sind ein Thema. Gibt es ausreichend Desinfektionsmittel?

Auch hier ahnt man zu diesem Zeitpunkt noch nichts von einer Infektionswelle in Ischgl und in Tirol. Das ändert sich erst im Rahmen der vierten Sitzung dieses Beraterstabs. Im Protokoll vom 12. März sind Ausführungen des Innsbrucker Infektiologen und Direktor der Innsbrucker Universitätsklinik für Innere Medizin, Günter Weiss, vermerkt. Das Protokoll gibt seine Bemerkungen so wieder:

> *Er rechne damit, dass die Zahl auch in Tirol noch explodieren werde und die Fälle in Italien nach oben gehen werden. Es gebe leider viele unentdeckte Fälle in Tirol und hätte sich die*

---

41   Zitiert nach: Barbara Toth, «Was passiert, wenn es eng wird?», in: FALTER 20/20, 12.05.2020   https://www.falter.at/zeitung/20200512/was-passiert-wenn-es-eng-wird (abgerufen am 14.9.2020)

Der Mediziner Günter Weiss bekleidet eine Doppelfunktion. Er berät nämlich ebenso den Corona-Krisenstab der Tiroler Landesregierung. Formal ist er allerdings nicht dessen Mitglied. Weiss rechnet demnach mit unentdeckten Fällen, befürchtet aber keine dramatischen Konsequenzen, denn es werde vorwiegend junge Patienten treffen. Bezogen auf Ischgl wird sich dies als eine gravierende Fehleinschätzung herausstellen. Sie kommt nicht zufällig zustande.

Eine Interview von Ende Januar 2020 macht das generelle Mindset des Experten Weiss hinsichtlich Corona deutlich. Er erklärt den Leserinnen und Lesern der Tiroler Tageszeitung, wie wenig gefährlich das Virus sei:

---

42   Zitiert nach: *Ergebnisprotokoll,* 4. Sitzung des Beraterstabs der Taskforce Corona, 12.3. 2020, 17:00-18:30, S. 5

43   Weniger ansteckend als Influenza: Tiroler Experte zu neuem Coronavirus, *Tiroler Tageszeitung,* 24.1.2020 https://www.tt.com/artikel/30712792/weniger-ansteckend-als-influenza-tiroler-experte-zu-neuem-coronavirus (abgerufen am 14.9.2020)

5. Dritter März 2020: «Müssen wir etwas tun, weißt du das?»

Es sollte anders kommen, als der Experte Weiss meint. Denn in Ischgl überträgt sich das Virus blitzschnell und es kennt weder Altersgrenzen noch beachtet es den Reisepass jener Menschen, die es infiziert. Anfang März 2020 wissen die Behörden über Corona in Ischgl deshalb nichts, weil vor Ort danach nicht gesucht wird.

Doch wird es nur noch eine Frage der Zeit sein, bis die ersten Infektionen auch im Ort registriert werden müssen. Die Meldungen darüber erreichen die Behörden und Touristiker wenig überraschend aus dem Ausland. Dies passiert auf zwei Wegen.

Per Mail informiert eine isländische Reiseleiterin zwei Ischgler Hotels, dass es bei Reisegruppen, deren Mitglieder bei ihnen Hotels genächtigt haben, Corona-Infektionen gibt. Und dann erreichen den österreichischen Kontaktpunkt des EWRS aus Island offizielle Hinweise auf Corona in Tirol. Beides geschieht am 3. März 2020.

Um 20:26 meldet sich die isländische Reiseleiterin T.R. via Mail beim Hotel Garni Martina. Sie teilt mit, dass zwei Teilnehmer einer Reisegruppe, die am 29. Februar 2020 aus Ischgl abgereist ist, positiv auf Covid-19 getestet sind.

> *I will just let you know that the two in room no 6, B.J. and H. is now confirmed with a corona Virus after returning home. This was confirmed by an epidemiologist here in Iceland today.*
>
> *// Ich möchte dich informieren, dass die beiden im Zimmer 6, B.J und H., nun bestätigte Corona-Fälle sind, nachdem sie zurückgekehrt sind. Das wurde heute von einem Epidemiologen in Island bestätigt.* [44]

Sie schreibt auch, dass ein weiterer Reisender aus Island aus einer anderen Gruppe aus einem nahe gelegenen Appartement-Hotel erkrankt sei. In ihrer Antwortmail von 21:01 Uhr fragt A. aus dem Ischgler Hotel Garni Martina dann nach:

> *Can we be sure that the corona virus startet 1 day or more after they left Ischgl? Because the danger of infection is from 1*

---

44   LPD Beilagen 2, 421

day before (...) of the illness until 2 days after termination. Or do we need take any actions, do you know?

// Ist es sicher, dass die Infektion einen Tag oder mehr begonnen hat, nachdem sie Ischgl verlassen haben? Weil die Gefahr von Infektionen beginnt einen Tag vor der Erkrankung bis 2 Tage nach deren Ende. Oder müssen wir irgendetwas unternehmen, weißt du das? [45]

Der Tourismusverband hat wenige Tage zuvor ein Merkblatt an alle Betriebe versendet. So steht es jedenfalls im Sitzungsprotokoll des Ischgler Informationskreises. Dieses Blatt zieht A. vom Hotel Martina offenbar nicht zurate. Zudem übergibt die Hotelbesitzerin den Mailverkehr erst am 5. März 2020 der Polizei, zu einem Zeitpunkt, als die Ischgler Verantwortlichen von den Infektionen im Hotel bereits Kenntnis haben. Reiseleiterin T. schreibt mehr als eine Stunde später (noch am 3. März) aus Island an das Hotel zurück. Laut Angaben der Fluggesellschaft soll ein infizierter Italiener im Flieger gesessen sein.

We took the plane from Munchen airport on Saturday. We were notified by the airline on Sunday that there was an infected person on the plane (he was not in our group and we do not know him). This man came from a ski resort in Italy.

// Wir haben das Flugzeug von München genommen. Am Sonntag hat uns die Fluglinie informiert, dass eine infizierte Person im Flieger saß (er gehörte nicht zu unserer Gruppe und wir kennen ihn nicht). Dieser Mann kam aus einem Schigebiet in Italien. [46]

Am folgenden Tag, am 4.3.2020, verfasst T. um 23:43 ein weiteres Mail, diesmal an das Hotel Nevada in Ischgl. Darin informiert sie ebenfalls über isländische Gäste mit bestätigten positiven COVID-19-Tests. Auch an dieser Stelle erwähnt sie den ominösen Italiener im Flugzeug.

I will just let you know that we in room no 104 is now confirmed with a corona virus. This was confirmed by an epidemiologist here in Iceland yesterday and we are both isolated. We

45   Der erste schwere Fehler der Tiroler Behörden – eine Rekonstruktion, in semiosis, 22. Juni 2020, http://www.semiosis.at/2020/06/22/der-erste-schwere-fehler-der-tiroler-behoerden-eine-rekonstruktion/ (abgerufen am 14.9.2020) und LPD Beilagen 2, 419

46   LPD Beilagen 2, 425

started the symptoms on monday. My daughter in room nr 105 was also confirmed now this evening.

Guests in Hotel Garni Martina has also been confirmed with Corona virus and I send mail to A. in Martina and told her. They got sick the day after we got home. On Sunday. We don't know where we got infected, but we know there was an infected person on the plane on the way home. That man was skiing in Italy. [47]

// Ich möchte dich nur informieren, dass wir im Raum 104 nun bestätigte Corona Virus-Fälle sind. Dies wurde von einem Epidemiologen hier in Island gestern bestätigt. Wir sind in Isolation. Unsere Symptome haben am Montag begonnen. Ebenso ist meine Tochter heute Abend bestätigt worden, im Zimmer 105.

Gäste im Hotel Garni Martina sind ebenfalls bestätigte Corona-Virus Fälle. Ich habe an A. bereits ein Mail geschickt und ihr berichtet. Sie sind am Tag nach unserer Ankunft krank geworden. Wir wissen nicht, wo wir uns angesteckt haben, aber wir wissen, dass es eine infizierte Person im Flugzeug auf dem Heimweg gab. Dieser Mann war in Italien Schifahren.

Am 3. März bekommt also eine Hotelbesitzerin in Ischgl eine Information über Corona-Infektionen einer isländischen Reisegruppe. Nach Erhalt hätte sie den Tourismusverband Paznauntal oder direkt den Bürgermeister informieren, dieser wiederum hätten eine Meldekette auslösen müssen. Stattdessen macht sich Schweigen und Nichtstun im Paznauntal breit.

In den Mails der isländischen Reiseleiterin wird ein infizierter Fluggast, der in Italien war, erwähnt. Überprüft ist diese Information, die von der Fluggesellschaft stammen soll, nicht.

Insgesamt scheint es so, als würden diese frühen Meldungen aus Island in Ischgl irgendwo versumpern.

Und in Wien? Ebenfalls am 3. März trifft eine erste Warnung aus Island beim österreichischen EWRS-Kontaktpunkt im Sozialministerium ein. Absender: Torolfur Gudnason, der isländische Chef-Epidemiologe. Er meldet sechzehn Corona-Fälle, von denen sich einige auf Österreich zurückführen lassen. Im O-Ton lautet seine Nachricht:

---

47   LPD Beilagen 2, 493

Iceland would like to report 13 additional cases of COVID-19 which adds up to 16 total cases. Eight individuals were diagnosed on the 2nd of March and five on the 3rd of March. The age range is 45-61, all have mild symptoms and all are in home isolation. Around 300 contacts are in home quarantine. All infections originated in skiing areas in Northern Italy and/or Austria. Nine individuals were skiing in Trentino, Italy. Three in Austria. Four in Austria/Trentino, Italy.

Sincerely Icelandic EWRS team [48]

// Island möchte 13 weitere Fälle von COVID-19 melden, was insgesamt 16 Fälle ausmacht. 8 Individuen wurden am 2. März diagnostiziert und 5 am 3. März. Die Altersspanne liegt zwischen 45 und 61, alle haben milde Symptome und sie sind in Heimquarantäne. Weitere 300 Kontaktpersonen sind ebenso in Heimquarantäne. Alle Infektionen sind in Norditalien und/oder Österreich entstanden. Neun Individuen waren im Trentin Schifahren. Drei in Österreich. Vier in Österreich/Trentino, Italien.

Mit freundlichen Grüßen, das isländische EWRS Team

Am 3. März erreichen also sowohl eine Hotelbesitzerin in Ischgl als auch das zuständige Ministerium in Wien Informationen über COVID-19-Infektionen. Ihr Inhalt ist indes unterschiedlich. Während die Hotelbesitzerin bereits über Details Bescheid weiß, bleiben die Angaben für Wien ungenau. Verwunderlich ist, dass an diesem Tag seitens des Kontaktpunktes im Gesundheitsministerium keine Rückfrage in Island erfolgt ist. Hätte man etwa naheliegend nachgefragt, in welcher Region die Erkrankten sich aufgehalten haben, hätten wertvolle Stunden gewonnen werden können. Die verstreuten Ischgler Nachrichten an die Hotels wären dann womöglich früher aufgetaucht und das Gesamtbild, das wir heute haben, hätte auch damals schon entstehen können. Die Begründung des Ministeriums für ihr Nichtstun lautet auf Journalisten-Nachfrage hin: Die Informationen aus Island seien nicht konkret genug gewesen. [49]

---

48   Wortlaut der Meldung laut Info des EWRS-Kontaktpunktes Island, LPD Beilagen 2, 485

49   Mail an Christof Lang (RTL/NTV) vom 24.4.2020. Der Journalist hat mir die Antwort des Ministeriums überlassen; dieses hat auf meine Nachfrage hin nochmals bestätigt. (SR)

Dabei hätte mit einer formalisierten Antwort-Mail via EWRS an die isländischen Behörden der österreichische Kontaktpunkt Konkretisierungen erfahren können.

Denn das Infektionsgeschehen in Island ist rasant. Nur 24 Stunden später, am Abend des 4. März 2020, erklärt Island den Ort Ischgl bereits zur Gefahrenzone und informiert von sich aus das Bundesministerium. Der Chefepidemiologe Gudnason schreibt über das EWRS System eine Nachricht an alle Kontaktpunkte. Fix ist: Um 23:55 Uhr dieses Tages weiß Island von immerhin 8 Corona Fällen, deren Ursprung eindeutig in Ischgl liegt.

> *As of today March 4th 2020, 26 cases of COVID-19 have been diagnosed in Icelandic residents since 28th of February 2020. All are in good health and in home isolation. All cases belong to two clusters from the skiing area in the Alps: 1) 18 cases from skiing areas in Trentino, Italy (17 in Selva and 1 in Madonna) 2) 8 cases from the skiing area Ischgl in Austria. Around 380 contacts have been placed in quarantine. 270 individuals have been tested. No transmission has been identified within Iceland.*
>
> *Icelandic EWRS team*
>
> *// Mit Stand heute, 4. März 2020, sind 26 COVID-19 Fälle von Isländer*innen seit dem 28. Februar 2020 diagnostiziert worden. Alle sind bei guter Gesundheit und in Heimisolation. Alle Fälle gehören zu zwei Clustern von Schigebieten in den Alpen. 1) 18 Fälle von aus Schigebieten in Trentino, Italien (17 in Selva und 1 in Madonna) 2) 8 Fälle vom Ischgler Schigebiet in Österreich. 380 Kontaktpersonen sind in Quarantäne versetzt worden. 270 Individuen sind getestet worden. Keine Übertragung innerhalb Islands konnte identifiziert werden.*
>
> *Das isländische EWRS Team* [50]

Noch in der Nacht leitet Bernhard Benka, der zu dieser Zeit am österreichischen Kontaktpunkt des EWRS sitzt, um 0 Uhr 52 die Informationen an die Tiroler Landesregierung in Innsbruck weiter.

---

50 Wortlaut der Meldung laut Auskunft des EWRS-Kontaktpunktes Island, LPD Beilagen 2, 481

Wenige Stunden später, am 5. März, gibt Island dann eine Reisewarnung nur für Ischgl heraus. Island setzt den Ort im Paznauntal auf die Liste der «high-risk areas» – neben China, Italien, Südkorea und Iran, eben weil eine bemerkenswert hohe Zahl von Heimkehrenden positiv auf das Virus getestet wurden. Auch diese Information erreicht die österreichischen Behörden. Und zwar nicht nur die in Wien.

In Ischgl kommt es am 5. März 2020 vormittags sogar zu einem Telefongespräch zwischen Dietmar Walser vom Tourismusverband Paznauntal in Ischgl und den isländischen Gesundheitsbehörden in Seltjarnarnes bei Reykjavík. Wenige Stunden später schreibt Kamilla Sigríður, Gesundheitsdirektorin vom isländischen «Centre for Health Security and Communication Disease Control» eine Nachricht an Walser. Um 17:51 Uhr informiert sie ihn über mittlerweile 14 mit Corona infizierte Personen (!) aus Island. Die Betroffenen waren nicht Teil einer einzelnen Gruppe, sie wohnten in fünf verschiedenen Hotels und sie hatten keinen Kontakt untereinander.

> *14 cases in Iceland are confirmed with recent travel history to Ischgl. Additional tests were run today. I do not have the contact tracing results. … The Austrian Public Health Authorities have the names of the hotels and will investigate as appropriate to Austrian law.//*

> *14 Fälle in Island sind bestätigt mit einer kürzlichen Reisegeschichte nach Ischgl. Heute werden zusätzliche Tests gemacht. Ich habe die Ergebnisse des Kontakt-Tracings nicht. …. Die österreichischen Gesundheitsbehörden haben die Namen der Hotels und sie werden das entsprechend des österreichischen Rechts untersuchen.*

> *In summary: they did not all travel to Ischgl together or even on the same day, they did not all know each other or interact while in Ischgl as far as we can figure out, they did not all stay in the same hotel.*

> *// Zusammengefasst: Sie sind nicht zusammen nach Ischgl gereist. Die Gruppen hatten untereinander keinen Kontakt. Sie haben nicht im selben Hotel übernachtet.* [51]

---

51   Wortlaut der Meldung laut Auskunft des EWRS-Kontaktpunktes Island, LPD Beilagen 2, 391

Spätestens jetzt, am Nachmittag des 5. März, steht auch für die Verantwortlichen in Ischgl unmissverständlich fest, dass das Virus im Ort umgeht. Die Meldungen der zuständigen Gesundheitsbehörden aus Island sind klar und eindeutig und sie lassen keinen Interpretationsspielraum in Richtung einer Ansteckung im Flugzeug. Schließlich sind die Betroffenen in zwei verschiedenen Maschinen gesessen.

Dennoch wird von offizieller Seite öffentlich die These vertreten, dass sich die Isländer*innen in einem Flugzeug angesteckt hätten.

Diese Behauptung kommt im Zuge der Stabssitzung der Tiroler Landeseinsatzleitung vom Vormittag des 5.März (Beginn: 10:12, Ende 11:02) erstmals auf. Im Protokoll ist eine Bemerkung des Landesamtsdirektors Herbert Forster erwähnt. Er bezieht sich dabei offenbar auf die nächtliche EWRS-Meldung aus Island, die vom Ministerium in Wien nach Innsbruck weitergeleitet wurde.

> *Aktuell wurde bekannt, dass im Februar ein Flug von Innsbruck nach Frankfurt bzw. ein Flug nach Oslo ging, mit Personen, welche im Nachhinein als Verdachtsfall eingestuft bzw. positiv getestet worden wären; diesbezüglich liegen allerdings keine gesicherten Informationen vor. Ähnlich verhält es sich bei einem Fall von 7 oder 8 Schigästen aus Island, welche in Ischgl gewesen sein sollen (...).* [52]

«Welche in Ischgl gewesen sein sollen», formuliert der Landesamtsdirektor. Woher kommen seine Zweifel an den Meldungen der isländischen Behörden? Während derselben Sitzung meint der Tiroler Landessanitätsdirektor Franz Katzgraber sogar, dass die Betreffenden nur *«angeblich nach ihrem Urlaub positiv getestet worden wären»*.

> *betreffend den Fall der Gäste aus Island in Ischgl, welche angeblich nach ihrem Urlaub positiv getestet worden wären, wartet man noch auf Informationen aus dem Ministerium; es ist allerdings nicht klar, wo diese genau waren (Bewegungsprofil) und selbst ob sie wirklich positiv getestet wurden kann nicht mit Sicherheit gesagt werden; um Maßnahmen zu setzen bedarf es allerdings dieser Informationen auch hinsichtlich der*

---

52 LPD Beilagen 2, 457

Flüge nach Frankfurt und Oslo wartet man noch auf die Passagierdaten aus dem Ministerium. [53]

Mag. Florian Kurzthaler (Abteilung Öffentlichkeitsarbeit) schlägt daher vor:

Betreffend die unklaren Fälle (Seefeld, Ischgl und Flüge nach Frankfurt und Oslo) sollte eher angedacht werden, derzeit nichts zu kommunizieren, sondern erst, wenn man konkrete Anhaltspunkte und Fakten habe. [54]

Der Krisenstab wartet auf Informationen, statt sich mit einem Telefonanruf aktiv um diese zu bemühen. In der Sitzung taucht die kolportierte Erklärung für den Infektionsweg «Ansteckung im Flugzeug» auf, den die isländische Reiseleiterin in einer Mail an eine Hotelbesitzerin aufgebracht hat. Irgendeine Form von Beweis für diese Behauptung liegt nicht vor. Wie wir gleich sehen werden, haben die Ischgler Touristiker diese für Ischgl günstige Erklärung gestreut und sogar in die Pressemitteilung des Landes Tirol vom gleichen Tag hinein reklamiert.

Kurze Zeit nach dieser Sitzung entsteht in Innsbruck offenbar doch Kommunikationsbedarf. Der Impuls kommt von Außen: In Island berichten Medien von den infizierten Ischgl-Urlaubenden. Eine österreichische Boulevardzeitung fragt daraufhin nach. Nun stehen die Behörden unter Druck und müssen reagieren.

In einem Mail an den Tiroler Landesamtsdirektor macht der Bezirkshauptmann von Landeck, Markus Maaß, in diesem Zusammenhang die beabsichtigte Stoßrichtung einer Pressemitteilung deutlich. Ischgl solle «aus dem Schussfeld». Dafür führt er wiederum die kolportierten Informationen der Reiseleiterin an, ohne dabei die behördliche Meldung der isländischen Gesundheitsbehörden zu erwähnen. Die mögliche Gefährdung der Gesundheit der Urlaubenden und der Einheimischen ist dabei kein Thema.

Das Mail, das er um 15:51 Uhr absendet, lautet:

---

53   Ebenda

54   Ebenda

Lieber Herbert,

nach Rücksprache mit HLH [gemeint ist Herr Landeshauptmann Platter – SR]

hier die beiden E-Mail von infizierten Personen. Sie geben an im Flugzeug von München nach Island infiziert worden zu sein. Das wäre für eine allfällige Presseaussendung der Abt. Öff. Wichtig. Damit hätten wir Ischgl vorerst aus dem Schussfeld. [55]

Die Formulierung «nach Rücksprache mit HLH» gibt quasi ein Startsignal. Nun bereitet die angesprochene Abteilung für Öffentlichkeitsarbeit im Amt der Tiroler Landesregierung, eine Pressemitteilung mit dieser Aussage vor. Einen Entwurf des Pressetextes bekommt sowohl der Bezirkshauptmann, die Landessanitätsdirektion als auch der (gar nicht zuständige) Tourismusverband Paznauntal.

Während intern also die Formulierungen abgesprochen werden, erreichen die Tiroler Landessanitätsdirektion aus Wien detaillierte behördliche Informationen zu den Island-Urlaubenden. Die Informationen stammen aus Island und ähneln vom Inhalt her denjenigen, die bereits an die Ischgler Touristiker gingen. Zusätzlich werden die Namen der Hotels und die unterschiedlichen Reisedaten der Reisenden aufgelistet. Von der Sanitätsdirektion in Innsbruck aus landen diese Informationen am 5. März 2020 um 16:13 Uhr In der Mailbox des Landecker Bezirkshauptmanns. Damit ist auch für ihn der Zeitpunkt gekommen, die Ischgl entlastende Fehlinformation «Ansteckung im Flugzeug» auszuschließen. Doch das Gegenteil geschieht.

Zwei Minuten zuvor, um 16:11 Uhr, übermitteln die Touristiker aus Ischgl dem Bezirkshauptmann und in der Anrede auch dem Tiroler Landeshauptmann Platter einen eigenen Formulierungsvorschlag für die geplante Presseerklärung. Der Ischgler Tourismusverbandsvorstand Dietmar Walser legt nahe:

Lieber Herr Landeshauptmann / Hallo Markus,

wir haben den Entwurf schnell intern abgestimmt. Womöglich könnte man noch darauf hinweisen, dass die betreffenden Per-

---

55 Akt ON160, S. 22

sonen aus Island selber darauf hingewiesen haben, dass sie im Flugzeug bei der Heimreise angesteckt wurden.

Ansonsten für uns selbstverständlich auch ok.

Schöne Grüße

Dietmar [56]

Trotz der ursprünglichen Absicht, nichts zu kommunizieren, und obwohl die Reiseleiterin (aus deren Mail alle Beteiligten ihr angebliches Wissen beziehen) ihre Info nur vom Hörensagen hat, und obwohl Ischgl und die Bezirkshauptmannschaft die korrekten Daten aus Island und aus Wien rechtzeitig erhalten haben, geht das Land Tirol am 5. März gegen 18 Uhr mit einer anderslautenden Pressemitteilung an die Öffentlichkeit. Sie enthält als Erklärung für die Infektion die sachlich falsche Flugzeug-Behauptung. Die interne Nachricht über die finale Version der Erklärung erfolgt um 17:19 Uhr. [57] Die Pressemitteilung ist im Original in voller Länge in Kapitel 20 dieses Buches zu finden. Die Überschrift fasst ihre zentrale Aussage bereits zusammen:

> *Coronavirus: Isländische Gäste im Tiroler Oberland dürften sich bei Rückflug im Flugzeug mit Coronavirus angesteckt haben.*

Diese amtliche Tiroler Mitteilung verbreitet wider besseren Wissens die Behauptung, die Isländer*innen hätten sich im Flugzeug angesteckt. Damit geben die Tiroler Behörden eine folgenschwere Fehlinformation weiter, die bereits zu einem Zeitpunkt erfolgt, als gesicherte Daten aus Island vorliegen, die besagen, dass es sich so nicht abgespielt haben k a n n .

Zudem wird im Pressetext der Tiroler Landessanitätsdirektor Franz Katzgraber mit einer fatalen medizinischen Einschätzung zitiert:

> *Unter dieser Annahme (Ansteckung im Flugzeug - SR) erscheint es aus medizinischer Sicht wenig wahrscheinlich, dass es in Tirol zu Ansteckungen gekommen ist. [58]*

---

56   Akt ON160, S. 35

57   Akt ON160, S. 48, Mail von Bettina Sax, Abteilung Öffentlichkeitsarbeit im Amt der Tiroler Landesregierung, an den "geschätzten" Landecker Bezirkshauptmann

58   LPD Beilagen 2, 409/395 und in der Veröffentlichung auf orf.at Tirol: https://tirol.orf.at/stories/3037672/ (abgerufen am 15.9.2020) Originaltext in den Anlagen abge-

Diese Aussage ist und bleibt bemerkenswert, auch wenn wir das ‹Buch Ischgl› von vorne durchgehen. Denn nicht wenige Menschen lesen in den nächsten Tagen diesen Satz und nehmen seinen Inhalt ernst, bevor sie nach Tirol reisen. Sie werden das Virus aus Ischgl mit nach Hause bringen.

Welche Aktionen wären laut Gesetzeslage bei dieser Info-Lage vor Ort geboten? *«Müssen wir irgendwas unternehmen, weißt du das?»*, fragt A. vom Hotel Garni Martina die isländische Reiseleiterin am 3. März 2020.

Punkt eins: Sie hätte die Behörden unverzüglich von einem Verdachtsfall in Kenntnis setzen müssen. Das ist nicht geschehen, im Gegenteil, sie übergibt den Mailverkehr erst am Nachmittag des 5. März.

Punkt zwei: Die halbstaatliche Agentur AGES hat in ihrem damals gültigen Informationsblatt «Behördliche Vorgangsweise bei SARS-CoV-2 Kontaktpersonen: Kontaktpersonennachverfolgung» vom 28. Februar 2020 Kontaktpersonen mit «Hoch-Risiko-Exposition» klar definiert. Dazu gehören Menschen in einem Hotel in jedem Fall, da es sich dabei um eine «geschlossene Umgebung» handelt.

In solchen Fällen (also: Kontakt zu respiratorischen Sekreten bei Aufenthalt in einer geschlossenen Umgebung) schreibt die AGES die Registrierung von Personendaten vor, ferner eine behördliche Absonderung durch Absonderungsbescheid und Heim-Quarantäne. Außerdem haben die Behörden so schnell wie möglich sämtliche (!) Kontaktpersonen zu ermitteln.

Simple as that. Wenn wir uns an dieser Stelle den Fall ‹Grand Hotel Europa› in Innsbruck nur wenige Tage zuvor in Erinnerung rufen, dann hätten analog dazu die betreffenden Hotels seitens der Behörden unverzüglich abgeriegelt werden müssen. Zumindest zeitweise. Weiterhin hätten sie alle Mitarbeiter*innen zu isolieren, dann zu testen sowie weitere Kontaktpersonen zu ermitteln.

Island hat dies in seiner Meldung über das EWRS den Tirolern vorgemacht. So nennen sie die Zahl der Kontaktpersonen der Urlaubsheimkehrer*innen in Island, die isoliert sind:

---

druckt

In Ischgl läuft stattdessen der Betrieb in den betroffenen Hotels praktisch ungestört weiter. Die am 5. März bereits nachweislich falsche Erklärung einer Infektion im Flugzeug bewirkt, dass die oben aufgeführten Mechanismen im Falle Ischgls so nicht zum Einsatz kommen.

Was langsam anläuft, das ist das Contact-Tracing. Entgegen ihrer öffentlich verbreiteten Ansteckungstheorie verfolgen die Tiroler Behörden die möglichen Kontakte der Isländer*innen doch und werden somit zwei Tage später auf den angeblichen Barkeeper im Kitzloch stoßen. [59]

Zuvor informieren sich die Behörden noch untereinander.

Für 13 Uhr wird eine Sitzung des vorher gegründeten «Corona-Informationskreises» von Ischgl einberufen. Um 13:22 Uhr wird die Bezirkshauptmannschaft Landeck informiert, die als lokale Gesundheitsbehörde zuständig ist. 22 Minuten später berichtet der Einsatzstab der Landespolizeidirektion, dass mittlerweile ein Schreiben des österreichischen Außenministeriums eingelangt sei. In ihm stehe: 8 Isländer sind nach ihrem Urlaub in Ischgl mit Corona infiziert angekommen. Um 13:47 Uhr wird die Bezirkshauptmannschaft davon in Kenntnis gesetzt. Bis 14:50 Uhr können vom Tourismusverband 14 Hotels ausfindig gemacht werden, die in dem in Frage kommenden Zeitraum Isländer*innen beherbergt hatten.

Um 15:00 Uhr können vorerst als wirklich betroffene Hotels das «Hotel Garni Martina» und das «Hotel Nevada» eingegrenzt werden.

Beherzt schreitet man im Ort zur Tat.

Dabei stellen die Mitarbeiter*innen fest, dass es bereits E-Mail Schriftverkehr von den betreffenden Gästen gibt. In diesen Mails finden sie den Hinweis auf die infizierten Person im Flugzeug, der danach per Mail von Ischgl aus versendet wird. [61]

---

59   Bericht Expertenkommission, S. 72

60   LPD Beilagen 2, 423

61   LPD Beilagen 2, Chronologie, Seite 3 und 4

Am 5. März ringen sich die Ischgler Verantwortlichen langsam und bedächtig dazu durch, irgendetwas in Sachen Ansteckung mit COVID-19 in Ischgl zu unternehmen.

Am selben Tag treffen um 15:58 Uhr bei der Tiroler Landessanitätsdirektion die detaillierten Informationen aus dem Sozialministerium ein, die bereits am Vormittag vom isländischen *EWRS-Kontaktpunkt* übermittelt wurden.

Die Meldung aus Island enthält Namen weiterer Hotels, in denen die Gäste aus Island übernachtet haben:

> *Dear colleagues,*
>
> *We have a total of 14 cases with travel history to Ischgl via Munich:*
>
> *Arrival 21.2. return 1.3. via München –two cases, 1 symptom onset 26.2. Hotel Reelax Apartments, second 3.3. Hotel Gravida,*
>
> *Arrival 22.2. 12 cases – all return via München, see dates of return below, 3 Hotel Garni Martina – return to Iceland 29.2. 1 case onset 29.2., others 2.3. and 3.3, 7 Hotel Nevada – return to Iceland 29.2. All symtom onset 2.-3.3. 1 Hotel Garni Vogt – return to Iceland 29.2. Symptom onset 3.3. 1 Hotel Gradiva – return to Iceland 1.3., symptom onset 3.3.* [62]

Zudem erreicht um 19:49 Uhr sowohl den SKKM-Krisenstab als auch den Tiroler Krisenstab («an tirol zur Info») eine Nachricht der Österreichischen Botschaft Kopenhagen:

> *In Island sind bisher 34 Personen mit dem COVID-19 Virus infiziert. Da mehrere dieser Personen sich offenbar in Ischgl mit dem Virus infizierten, wurde seitens der isländischen Gesundheitsbehörde Ischgl als High-Risk Area eingestuft und von unnötigen Reisen dorthin abgeraten.*
>
> *Personen, die seit 29. Februar in Ischgl waren und sich in Island aufhalten, wird von den isländischen Behörden angeraten, als Vorsichtsmaßnahme 14 Tage zu Hause zu bleiben.* [63]

---

62   LPD Beilagen 2, 389 und 391

63   LPD Beilagen 2, 401

Trotz der amtlichen Hinweise und Erklärungen aus Island will die Tiroler Landesregierung an diesem 5. März 2020 nicht zur Kenntnis nehmen, dass sich die Urlauber*innen massiv in Ischgl angesteckt haben.

Das ist der erste schwere Fehler der Tiroler Behörden.

Passiert er nur aus Versehen oder in der Hektik der Ereignisse? Oder gibt es dafür andere Gründe? Jedenfalls verschleiert die in der Pressemitteilung platzierte Erklärung von Ansteckungen im Flugzeug die korrekte Version, nämlich, dass sich die Betroffenen in Ischgl angesteckt haben.

Dass dahinter eine Strategie stehen könnte, darauf deutet die Formulierung aus dem E-Mail hin, Ischgl «aus dem Schussfeld» nehmen zu wollen. Klar ist: Die Meldung, dass in Ischgl das Corona-Virus aktiv ist, würde den Ablauf der Wintersaison im gesamten Bundesland massiv infrage stellen. Bis dahin haben die Verantwortlichen ja beschwichtigend kommuniziert, dass es in Tirol zu keiner Verbreitung des Virus käme.

Nach dem 25. Februar 2020 finden zudem eine ganze Reihe von Treffen zwischen Tiroler Politikern (männliche Form bewusst gewählt), Beamt*innen, Bundespolitiker*innen und Bundesbeamt*innen statt.

So gibt es Gespräche zwischen Innenminister Karl Nehammer und dem Bundeskanzler zur Ausbreitung des Coronavirus in Tirol. Noch am 25. Februar kommt es zu einem Treffen von Landeshauptmann Platter, Südtirols Landeshauptmann Kompatscher und Trentinos Landeshauptmann Fugatti. Thema: Die Ausbreitung des Coronavirus in der grenzübergreifenden Region. Sie geben ein beruhigendes Pressestatement heraus und verabreden, sich wechselseitig zu unterstützen, wenn nötig. Was im Falle des Andrea Berg-Konzerts in Innsbruck am 6. März 2020 dann auch geschieht.

Am 27. Februar steht eine Besprechung in Wien auf dem Programm. Teilnehmende: Innenminister Nehammer, Sozialminister Anschober und alle Landeshauptleute Österreichs.

> *In Tirol ist die Lage derzeit stabil, wir haben aktuell keine Neuinfektionen und haben in den letzten Tagen gezeigt, dass wir gut vorbereitet sind,* [64]

---

[64] Coronavirus: Mobile Einheiten für Tests in allen Tiroler Bezirken in Vorbereitung, *osttirol heute*, 28.2.2020, https://www.osttirol-heute.at/politik/coronavirus-mobile-einhei-

so wird Landeshauptmann Platter am 28. Februar dazu zitiert. Was die Politiker miteinander im Detail verabredet haben, berichten sie nicht öffentlich.

Haben sie vereinbart, den Ball bezüglich Infektionen in Winterschigebieten so lange wie möglich flach zu halten?

Im Paznauntal und auch in den anderen Regionen herrscht jedenfalls weiterhin Business as usual, auch nachdem Infektionen nachgewiesen sind. Nach Außen hin entsteht das Bild, dass in Ischgl in Sachen Corona alles im Lot sei. Hierbei spielen die Meldungen der Landesregierung und die Kommunikation der Ischgler Touristiker ineinander.

Das führt ein Mailverkehr mit einer Touristin aus den Niederlanden eindrucksvoll vor Augen, die ihren Urlaub in Ischgl aufgrund der Reisewarnungen aus Island abgesagt hat.

Sie macht die Verantwortlichen des Tourismusverbands Paznauntal darauf aufmerksam, dass sie auf ihrer Homepage keinerlei Hinweise auf Corona veröffentlichen. Diese wiederum streiten ab, dass dies nötig sei. Obwohl sie, wie wir mittlerweile wissen, bereits an diesem Tag sehr genau über Infektionen in Ischgl informiert sind.

---

ten-fuer-tests-in-allen-tiroler-bezirken-in-vorbereitung/ (abgerufen am 26.20.2020)

6. Sechster März 2020: «We trust our authorities 100%»

«Ich bin schockiert, dass keine der Webseiten in Tirol oder Ischgl diese bestätigten Corona-Fälle erwähnt», schreibt eine Beinahe-Urlauberin aus den Niederlanden an den Tourismusverband Paznaun. Datum: 6. März 2020 um 12:54 Uhr. Sie teilt den Ischglern mit, dass ihre Reisegruppe aus den Niederlanden ihren Urlaub aufgrund der Reisewarnung aus Island storniert hat.

Die Lage an diesem Tag stellt sich wie folgt dar: Trotz Reisewarnungen aus Island und trotz der EWRS Meldungen über 14 bestätigte COVID-19-Infektionen, die auch dem Tourismusverband bekannt sind, sollte offenbar die Schi-Woche von diesem Freitag, 6. März, bis Freitag, 13. März, noch mitgenommen werden. Rund zwanzigtausend Tourist*innen halten sich zu Spitzenzeiten im Tal auf. Die Tiroler Gesundheitsbehörden behaupten (entgegen der Tatsachen), dass sich die in Island positiv Getesteten im Flugzeug angesteckt hätten. Genau diese Erklärung führt das Infobüro aus Ischgl auch an, um die Niederländerin zu beschwichtigen. Sie möchten ihr weiß zu machen, dass in Ischgl keine Gefahr bestehe.

Im Verlauf der Mail-Kommunikation bittet die Mailschreiberin den Tourismusverband inständig, umgehend die isländischen Behörden zu kontaktieren und sich bei ihnen genau zu informieren. Was ihr nicht klar ist (und was ihr der Tourismusverband ihr auch nicht verrät): Diese Informationen liegen den Verantwortlichen in Ischgl seit gestern bereits vor. Der Tourismusverband teilt sie allerdings der Öffentlichkeit nicht mit. Gleiches gilt für die Tiroler Landesregierung und die Bezirkshauptmannschaft. Sie alle kennen die Tatsachen- Doch sie schweigen.

Die Niederländerin berichtet, dass sie mehrfach in Island angerufen hat, um sich aus erster Hand zu informieren. Weil sich die Ischgler störrisch geben («The authorities in Austria have the situation very well under control»), übermittelt sie sogar die Telefonnummer der Behörden in Island. Die Antworten des Tourismusverbands dokumentieren eine bemerkenswerte Überheblichkeit. Zynisch verleugnen sie ihnen unbequeme Tatsachen. Statt solide zu informieren, zeichnen sie das Bild eines makellosen Wintertourismusortes. Der Mailverkehr wird daher im folgenden im Original vollständig dokumentiert. [65]

Gesendet: Freitag, 6. März 2020 12:54: An: Infobüro Ischgl | TVB Paznaun – Ischgl <info@paznaun-ischgl.com>

Betreff: Corona risk – 10 confirmed cases!

Hi Ischgl people,

We were supposed to leave for Ischgl this morning. Unfortunately last night I found about the 10 confirmed Corona cases in Iceland, who returned from Ischgl last weekend. I even called the Icelandic authority to hear about the latest news because in Austria they say the contamination happened during their return flight. I am really shocked that none of the websites of Tirol, Austria or Ischgl mention these confirmed(!) cases and increase the risk for Ischgl. Low risk in the ski areas?! With at least 10 confirmed cases from 1 village like Ischgl?! I think you all should be ashamed of yourself to outweigh our health risks by your commercial interests. It is your job and responsibility to give us the news about the situation in your area. That means the corona cases tested and isolated in your area PLUS the confirmed cases of tourists returning home from a ski area in all the other countries! These weeks in March are high season in the areas like Ischg and St. Anton with all bars completely packed. And you just want us to become infected?

We cancelled last minute, but thousands of people will be in Ischgl this week ignorant about the current risks! You should change the risk level and inform people!

Regards,

Gesendet, Freitag, 6. März 2020 um 13:07: Absender: TVB Paznaun – Ischgl

---

65 Der gesamte Mialverkehr wurde im Mai 2020 im Blog veröffentlicht. Er lag im Original vor. Siehe: 6. März: Bitte kontaktieren Sie dringend die isländischen Behörden unter der Telefonnummer +354 544 4113!, *Semiosis*, 22.5.2020, https://www.semiosis.at/2020/05/22/6-maerz-bitte-kontaktieren-sie-dringend-die-islaendischen-behoerden-unter-der-telefonnummer-354-544-4113/

Betreff: Re: Corona risk – 10 confirmed cases!

Dear …. !

Thank you for your e-mail We would like to draw your attention to the enclosed information from the Tyrolean government. The authorities in Austria have the situation very well under control and are of the opinion that an infection probably took place on the way home from Ischgl to Iceland – but not in Ischgl.

If there are any concrete news the Tyrolen government will inform immediately.

Best regards

Tourismusverband Paznaun – Ischgl

Gesendet: Freitag, 6. März 2020 13:54: An: TVB Paznaun – Ischgl

Betreff: Re: Corona risk – 10 confirmed cases!

Hello,

Please call the Icelandic authorities and ask them for their explanation instead of just trusting a statement. The number is +354 544 4113. In this case you can make up your own mind.

The infection has well been traced to Ischgl by the Icelandic authorities. Airplanes are low risk and it's impossible that 10 people got infected in a plane and show symptoms that soon.

I still suspect you don't want the public to know. Well, it's probably too late now due to your own policy. Transparency would have been a better choice in a case like this.

Fingers crossed there will be no outbreak in Ischgl during the next week(s).

Regards

Gesendet: 6. März 2020 14:07 Absender: TVB Paznaun – Ischgl

Betreff: Re: Corona risk – 10 confirmed cases!

Hello,

we trust our authorities 100%.

Best,

Gesendet: Freitag, 6. März 2020 15:02: An: TVB Paznaun – Ischgl

Betreff: Re: Corona risk – 10 confirmed cases!

Hi,

I have just called the Icelandic authority again to double check. They are absolutely certain the infection started in Ischgl instead of during the flight, because the 10 patients showed symptoms before their return flight. In that case all were contagious during their stay in your village.

It would be worth to talk to them yourselves.

Regards,

Gesendet: Freitag, 6. März 2020 15:07: Von: TVB Paznaun – Ischgl

AW: Corona risk – 10 confirmed cases!

Hi

Sorry, to repeat myself, but the Austrian Authorities are in charge and check all cases.

Best

Damit endet die Kommunikation. Ob den Personen am Ischgl-Account die Aussage der Niederländerin »*Ich drücke euch die Daumen, dass es in den nächsten Wochen keinen Corona-Ausbruch in Ischgl gibt*« in den folgenden Wochen noch in den Ohren geklungen haben mag?

Das Beispiel zeigt jedenfalls einen Gleichklang aus den Verlautbarungen der Tiroler Behörden, des Tiroler Krisenstabs mit den Informationen, die die Verantwortlichen vor Ort in Ischgl an ihre Gäste herausgeben. Die durchgängige Aussage lautet: Es gibt kein Virus in Ischgl.

In Ischgl vermitteln sie nicht nur ein Bild von Sorglosigkeit und Normalität. Sie handeln auch so.

Das beginnt damit, dass die Verantwortlichen es gestatten, dass die betroffenen Hotels weiter geöffnet halten können. Keine abgeriegelten Eingänge. Keine Warnungen und öffentlichen Aufrufe wie im Fall des Innsbrucker Hotels Europa, sich bei der Hotline 1450 zu melden. Nichts dergleichen.

In den Hotels läuft alles wie gewohnt weiter. Auch wenn anreisende Gäste besorgt nachfragen, ob es denn sicher sei, nach Ischgl zu kommen, lautet die Antwort: Ja. Selbst von denjenigen Hotels, die bereits wissen, dass bei ihnen mit COVID-19 infizierte Personen genächtigt haben

Familie O. etwa. Sie hat im Ischgler Hotel Garni Martina gebucht. Vom 7.3. bis 12.3.2020 wird sie samt Familie dort ihren Urlaub verbringen. Wir erinnern uns: In diesem Hotel haben Mitglieder der isländischen Reisegruppe übernachtet. Zudem verfügt die Hotelmitarbeiterin Frau A. seit 3. März 2020 exklusiv über Informationen der isländischen Reiseleiterin.

Am 5. März fragt Familie O. per Mail im Hotel, ob es in Ischgl Infektionen mit dem Corona-Virus gebe. Als Antwort erhält sie per Mail eine glatte Falschinformation, die wir hier im Original abdrucken:

> *Hallo R.,wir wünschen euch eine gute Anreise.*
>
> *Das Corona-Virus ist noch nicht in Ischgl und bleibt hoffentlich noch lange weg. LG aus Ischgl* [66]

---

66 Eine Kopie der Nachricht wurde von Familie O. übermittelt.

Das Virus sei weit weg, erfahren sie. Also reist Frau R. aus Deutschland mit ihrer Familie an. Sie verbringen ihre Zeit in Ischgl tragischerweise in eben jenem Hotel Garni Martina, in dem Mitglieder der infizierten Reisegruppe aus Island ebenfalls genächtigt haben. Einen Tag nach ihrer Abreise am 12 3. 2020 beginnt sie zu husten, es folgen starke Gliederschmerzen. Sie verliert den Geruchssinn und den Geschmackssinn. Wir wissen: Das sind eindeutige COVID-19-Symptome. Drei Wochen Arbeitsausfall und Schmerzen sind die Folge.

Denn das Virus ist eben nicht weit weg, sondern ist im Ort, mitten unter den Gästen und Angestellten. Was die Mailschreiberin A. aus dem Hotel genau wissen muss, während sie ihre fragwürdige Auskunft in die Tasten tippt. Die infizierten Isläner*innen haben in diesem Hotel übernachtet.

Ein weiterer Hotelgast in eben jenem Hotel Garni Martina, G. K., erlebt mit, wie das Hotel, von dem das Virus angeblich noch weit entfernt sei, desinfiziert wird. Eine Vorsichtsmaßnahme, erklärt man ihm auf Nachfrage im Hotel. In Wahrheit ist dies die Reaktion auf eine bestätigte Erkrankung eines früheren Hotelgastes. G. K. kommt in Ischgl am 7. März an und berichtet:

> *Wir haben erst bei Ankunft im Hotel gefragt, weil der Arzt vorm Hotel war. Eine Person ist dort getestet worden und war wohl am Abreisen. Die Person war isoliert gewesen, Vorsichtsmaßnahme wurde gesagt. Dazu wurde alles desinfiziert im Hotel.* [67]

Auch das Hotel Nevada, das ebenfalls von der isländischen Reiseleiterin als auch vom Tourismusverband über Corona-Infektionen im Haus informiert ist, leugnet Corona-Infektionen in Ischgl. Die Hotelleitung versucht sogar, abreisende Gäste davon zurückzuhalten, Ischgl zu verlassen. Es bestehe nämlich keine Corona-Gefahr.

> *Als wir uns entschieden haben, am Mittwoch vorzeitig die Heimreise anzutreten, wurden wir von der Hotelleitung noch komisch angeschaut und man versuchte uns zu überreden, doch noch zu bleiben, da es keine Gefahr bzgl. dem Coronavirus geben würde.* [68]

---

67 Das Statement wurde anonymisiert.

68 Auch dieses Statement wurde anonymisiert.

Die Corona-Infektionen in Ischgl werden von der untersten Ebene bis hinauf in die höchsten Stellen der Landesregierung auch Sonntag, den 8. März 2020, unisono geleugnet. Der Betrieb im Ort geht folglich ohne Einschränkungen weiter.

Natürlich kann das auf Dauer nicht lange gut gehen. Drei Tage nach der Island-Info wird der nächste – und für die Verantwortlichen erste – Corona-Fall in Ischgl öffentlich. Es handelt sich um den mittlerweile berühmten angeblichen Barkeeper aus dem Kitzloch, einen Mann mit deutschem Pass und Norwegisch klingendem Nachnamen, der dort tatsächlich als Kellner gearbeitet hat. [69]

Nach dem dem positiven Testergebnis des Barkeepers lässt sich nichts mehr geheim halten: Am Nachmittag des 7. März gegen 17 Uhr wird offiziell bekannt, dass jemand aus dem Ischgler Après-Ski-Lokal Kitzloch positiv auf das Coronavirus getestet ist.

Beim Betroffenen stellen sich am 4.März 2020 erste Symptome ein: leichte Kopfschmerzen und Unwohlsein. Am 5. März 2020 werden seine Kopfschmerzen schlimmer, am 6.März 2020 geht es dem Mann schlecht. Der Bar-Betreiber schickt ihn weg, er solle zum Arzt gehen. Am nächsten Tag, Samstagmorgen, trägt der Gemeindearzt Schutzkleidung, als er dem Mann um 9.45 Uhr den Rachenabstrich nimmt.

Um 12.15 Uhr an diesem 7. März 2020 ist der Test in Innsbruck. Exakt um 19:13 Uhr kommt das positive Testergebnis. Eine halbe Stunde später erfährt die Polizei davon, um 21:07 Uhr dann informiert Dorfarzt Andreas Walser den Bürgermeister per WhatsApp, dass es nun einen Corona Fall in Ischgl gibt, den die Behörden nicht leugnen können. In Wahrheit ist er sogar der vierte Corona Fall mit Bezug zum Kitzloch – die isländischen Infizierten nicht mitgerechnet. Eine Gruppe von Studierenden aus Norwegen ist hier gewesen. Doch dazu später.

Das Personal, eine komplette Kitzloch-Crew von 19 Personen samt Betreiber Bernhard Zangerl, geht in Heimquarantäne, die Bar wird am

---

69   Bericht der Unabhängigen Expertenkommission 2020: Management COVID-19-Pandemie Tirol, Innsbruck, S. 54: «Der als Erster positiv getestete Mitarbeiter des ‹Kitzloch› war kein Barkeeper, als welcher er in der Landes-Info fälschlich bezeichnet wurde, sondern ein Kellner, der Getränke serviert hat.»

Sonntag kurzzeitig zu- und noch am selben Tag wieder aufgesperrt. Medienberichte dazu gibt es an diesem Tag nicht. Diese folgen am Sonntag. Die anderen dreizehn Après-Ski-Bars in Ischgl halten weiter offen. Auch nach der Corona-Meldung gehen die Partys im Ort kaum vermindert weiter.

Denn die Verantwortlichen betrachten den angeblichen Barkeeper aus dem Kitzloch als isolierten Einzelfall.

Der zuständige Amtsarzt der Bezirkshauptmannschaft kommt zu Besuch und handelt, allerdings auf seltsame Weise. Er ordnet die Quarantäne der Kontaktpersonen aus dem Kitzloch-Staff an. Ok. Ferner will er, dass die Bar desinfiziert wird. Die von ihm angeordnete «Wischdesinfektion» erledigt die Betreiberfamilie eigenhändig, eine behördliche Kontrolle dazu gibt es nicht. Als wäre nichts geschehen, öffnet die Bar um 15 Uhr wieder ihre Türen. Die Sonntagsparty kann beginnen. In der Bar arbeiten im Staff nun Personen aus anderen Tourismusbetrieben, die die Familie Zangerl führt.

Die Tiroler Landessanitätsdirektion wiederum schickt Ärzte nach Ischgl, um endlich dort zu testen – allerdings nur ausgewählte Personen. Dies berichtet einer der Ärzte in der österreichischen Kronenzeitung.

> *Wir durften nur von der Behörde definierte Personen testen. Meine Kollegen und ich spürten aber, dass das Coronavirus schon weit im Land angekommen war. Wir waren uns einig, dass viel mehr Tests notwendig wären als jene durchgeführten bei aus Italien angereisten Personen oder der Putzfrau der Isländer.* [70]

Daher führen die Mediziner im Ort eigenmächtig weitere Tests durch.

> *Am nächsten Tag gab es dann die positiven Ergebnisse. Da hätte man Ischgl bereits dicht machen müssen, darin sind wir uns ebenfalls einig. Die Situation wurde aus unserer Sicht klar unterschätzt, man hat zu spät reagiert.* [71]

Es besteht jedenfalls Erklärungsbedarf für das offensichtliche Nicht-Handeln der Behörden in den Tagen zuvor. Immerhin gibt die Tiroler

---

70 Mediziner gibt preis: «Durften in Ischgl nur definierte Personen testen», Kronen Zeitung, 25.3.2020, https://www.krone.at/2123734 (abgerufen am 20.9.2020)

71 Ebenda.

Landesregierung an diesem Sonntag ein Infoblatt zu Corona in Ischgl heraus, dessen Inhalt auch in den Medien verbreitet wird. Sein Inhalt ist allerdings zum Zeitpunkt seiner Herausgabe inhaltlich falsch (der Mann ist weder Norweger noch Barkeeper, sondern Kellner) und in der Sache irreführend. Die medizinischen Einschätzungen lesen sich im Nachhinein nur mehr absurd. Darin findet sich die Aussage, es gebe keinen Grund zur Beunruhigung.

Infoblatt Corona Ischgl am 8.März 2020

«Eine Übertragung des Coronavirus auf Gäste der Bar ist aus medizinischer Sicht eher unwahrscheinlich», informiert Anita Luckner-Hornischer von der Landessanitätsdirektion Tirol.» (…)

Für alle BesucherInnen, die im besagten Zeitraum in der Bar waren und keine Symptome aufweisen, ist keine weitere medizinische Abklärung nötig. BarbesucherInnen, die aktuell grippeähnliche Symptome haben, sollen die Gesundheitshotline 1450 wählen und werden in der Folge ärztlich abgeklärt.

Es gibt keinen Grund zur Beunruhigung. [72]

Zeitgleich mit der Herausgabe dieser amtlichen Information aus Tirol überschlagen sich die Ereignisse im Bezirk Landeck, zu dem Ischgl gehört. Dänemark meldet über das EWRS nach Wien, dass sich vier Personen unabhängig voneinander in Ischgl angesteckt haben.

In der Nacht auf Montag trudelt um 1.18 Uhr über das EWRS eine Botschaft der norwegischen Gesundheitsbehörde FHI (Folkehelseinstituttet) ein: Sie zählt 18 Infizierte aus Österreich, wahrscheinlich 15 davon mit Bezug zu Ischgl. Diese Nachricht wird morgens um 5:44 Uhr nach Tirol weiter geleitet.[73]

Noch am selben Tag erfragt das österreichische Gesundheitsministerium via EWRS Namen, Hotels und Reisedaten. Nun wird Tirol auch von

---

[72]   Das Infoblatt ist im Kapitel 22 in diesem Buch vollständig abgedruckt.

[73]   Anfragebeantwortung durch den Bundesminister für Soziales, Gesundheit, Pflege und Konsumentenschutz Rudolf Anschober zu der schriftlichen Anfrage (1320/J) der Abgeordneten Mag. Gerald Loacker, Kolleginnen und Kollegen an den Bundesminister für Soziales, Gesundheit, Pflege und Konsumentenschutz betreffend Verheerende in Interventionen und Behördenversagen in den Causen Ischgl und Sölden, (1335/AB), https://www.parlament.gv.at/PAKT/VHG/XXVII/AB/AB_01335/index.shtml (abgerufen am 19.9.2020)

Norwegen auf die Liste der Risikogebiete gesetzt, ebenso Dänemark. Die Alarmglocken in Europa läuten bereits laut.

In Ischgl hört allerdings niemand hin.

Mit Ausnahme des Kitzloch bleiben alle Lokale, Gasthäuser, Hotels und Lifte im Paznauntal geöffnet. Das Geschäft brummt. Noch am 10. März heißt es auf der Homepage ‹ischgl.com› wörtlich:

> *Aus heutiger Sicht: finden die Konzerte wie geplant statt - läuft der Skibetrieb bis 3. Mai weiter.*[74]

---

74   Siehe Screenshot der Ischgl-Homepage vom 10.3.2020 in Kapitel 22

8. Wer war der Ischgler «Patient Null»?

Bis heute hält sich die Version, der erste Corona positive Fall in Ischgl sei der berühmte Kitzloch-Kellner mit den Initialen S.O. gewesen So ein erster Fall einer Infektionskette wird in den Medien etwas salopp als «Patient Null» bzw. als «Patient Eins» bezeichnet.

Auch das war der angebliche Barkeeper nicht. Das wissen wir nicht nur, wenn wir das Buch von hinten lesen, also von heute aus. Bereits an dem Tag, als beim Coronatest sein Rachenabstrich abgenommen wird, sind den Behörden Corona-Infektionen in Tirol mit Bezug zu Ischgl bekannt. Genauer gesagt: Sie hätten ihnen bekannt sein können, wenn sie das Contact-Tracing ordentlich durchgeführt hätten und Kontakte und Orte vollständig erfragt hätten. Also lesen wir das Buch von vorne:

Am 4. März 2020 wird bei T.T., einem Studenten aus Norwegen, ein Rachenabstrich abgenommen und an der MedUni Innsbruck ausgewertet. Das positive Ergebnis steht am 5. März 2020 fest. Dieser Mann besuchte zuvor zwar die Kitzloch-Bar, er logiert aber in Pettneu am Arlberg.

In der Umgebung von Innsbruck, konkret in Hall, nächtigt N.J. Er ist Student, studiert in Tirol und stammt ebenso aus Norwegen. Der Mann macht seinen Test auf COVID-19 am 6. März 2020 und erhält das positive Ergebnis bereits an diesem Tag. Und schließlich nehmen die Behörden am 6. März 2020 einen Testabstrich bei H.T. ab. Das Ergebnis für diese Innsbrucker Studentin, die auch in Pettneu lebt, lautet ebenfalls auf positiv.

Alle drei sind norwegischen Gaststudent*innnen, sie studieren in Tirol, waren am 28. Februar 2020 zum Schifahren in Ischgl und besuchten an diesem Tag das Kitzloch. [75]

Warum ist in unserem Bewußtsein dann hängen geblieben, dass dieser angebliche norwegische Barkeeper der erste Ischgler COVID-19-Fall gewesen sei?

---

75   Vgl dazu den Bericht der Unabhängigen Expertenkommission 2020: Management CO-VID-19-Pandemie Tirol, Innsbruck, S. 14

Weil die Tiroler Landesregierung zu dieser Zeit (und bis heute) darauf bedacht ist, dem Virus einen Reisepass und damit eine ausländische Herkunft umzuhängen. COVID-19 sei im März von Außen nach Tirol hineingetragen worden. Diese Version der Geschichte erzählt Landeshauptmann Günther Platter (ÖVP) durchgängig, etwa in seiner Pressekonferenz am 27. März 2020:

> *Es wird ja das Virus nicht in Ischlg oder in Tirol ausgebrochen sein. Es wird auch jemand hineingetragen haben. Und man wird ja sehen, dass das Virus ja in der ganzen Welt und aber auch sich in Deutschland und in anderen Ländern ausbreiten wird.* [76]

Penibel unterscheidet die Landesregierung in ihrer Medienkommunikation zwischen Tirol (wo etwas «herein» getragen wird) und Deutschland (dem unmittelbaren Nachbarland Tirols) sowie Italien und anderen Ländern. Der Barkeeper, der ja Kellner ist, wird vom Land Tirol wohl nicht versehentlich als «Norweger» bezeichnet, obwohl er einen deutschen Pass und Wohnort hat. Grund dafür: sein nordischer Nachname. Das angebliche Versehen bleibt wider besseres Wissen lange Zeit aufrecht, denn es ist nicht linguistisch bedingt.

Vielmehr stellt sich Tirol systematisch als Opfer eines fremden Einflusses dar.

In den Pressemeldungen der Landesregierung in diesen Tagen werden die oben genannten Personen und ihre Tests zwar durchaus erwähnt — aber verstreut. Durchgängig beziehen die Verantwortlichen deren Infektionen auf ihre (vermeintliche) ausländische Herkunft oder auf einen Aufenthalt in Italien. Die Tatsache, dass alle Genannten in Ischgl waren, wird in den Medien weder erwähnt noch wurde das in den «behördlichen Abklärungen» anfangs überhaupt erfragt. Diese Feststellung zu dem Mindset der Tiroler Behörden passt auch zu dem Beispiel der Isländer*innen, die sich angeblich im Flugzeug angesteckt hätten. Hier wie dort kommunizieren und handeln die Behörden falsch.

Am 5. März 2020 gibt die Landesregierung die Erkrankung des ersten positiv getesteten Studenten bekannt. Auch hier findet sich die sprach-

---

76   Abschrift der Videoaufzeichnung. Siehe: Platter: Virus «ja nicht in Ischgl entstanden», *Die Presse*, 17.3.2020, https://www.diepresse.com/5786421/platter-virus-ja-nicht-in-ischgl-entstanden (abgerufen am 25.9.2020)

liche Markierung «ausländisch» durch das Attribut und seine Reisege-schichte.

> *22-jähriger norwegischer Student, der sich die Tage zuvor in Mailand und Bologna aufgehalten hat, am Coronavirus er-krankt.*[77]

Einen Tag später erfolgt die Information über die beiden anderen Per-sonen. Alle drei stammen aus Norwegen, haben untereinander engen sozialen Kontakt und sind zwischen 23 und 24 Jahre alt, so berichtet auch die Tiroler Landesregierung. Und weiter:

> *Die routinemäßigen behördlichen Abklärungen laufen bereits, um mögliche weitere Kontaktpersonen zu identifizieren. Kon-taktpersonen aus dem engen Umfeld werden für 14 Tage iso-liert.* [78]

Tags drauf wird über den angeblichen Kitzloch-Barkeeper unter dem identifizierenden Stichwort «Norweger in Ischgl am Coronavirus er-krankt» berichtet.

> *Der 36-Jährige wurde umgehend isoliert und wird zur weiteren Behandlung in die Infektiologie der Innsbrucker Klinik ge-bracht,* [79]

informiert Anita Luckner-Hornischer von der Tiroler Landessanitätsdi-rektion.

Enge Kontaktpersonen aus dem Arbeitsumfeld des 36-Jährigen seien bereits unter Quarantäne gestellt worden. Es handele sich um 19 Ar-beitskolleg*innen und Urlaubsgäste im Lokal Kitzloch.

Was weiter geschieht, liest sich aus Sicht der Landesregierung so:

77 Dritter Coronavirus-Fall in Tirol, *tirolORF.at,* 5.3.2020, https://tirol.orf.at/stories/3037672/ (angerufen am 1.10.2020)

78 Zwei NorwegerInnen in Innsbruck an Corona erkrankt. *ibkinfo,* 7.3.2020, https://www.ibkinfo.at/corona-norwegen (abgerufen am 1.10.2020)

79 Norweger in Ischgl am Coronavirus erkrankt, *meinbezirk,* 8.3.2020, https://www.meinbezirk.at/landeck/c-lokales/norweger-in-ischgl-am-coronavirus-erkrankt_a3972507 (abgerufen am 1.10.2020)

so die Antwort auf meine direkte Anfrage im Zuge der Recherchen für
dieses Buch.

Öffentlich kommuniziert wird indes anders. Die Landessanitätsdirektion
gibt nämlich in ihrem Infoblatt, das zugleich an die Medien rausgeht,
bekannt, dass es keine Übertragung auf Gäste gebe (und das, obwohl
sie bereits wissen, dass auch ein Gast erkrankt ist):

*Eine Übertragung des Coronavirus auf Gäste der Bar ist aus
medizinischer Sicht eher unwahrscheinlich. (...) .* [81]

Und was ist mit den eben berichteten ersten drei positiven Fällen vom
4., 5. und 6. März 2020?

Wie durch Zauberhand sind sie aus der öffentlichen Kommunikation
verschwunden. Und das, obwohl alle drei einen Bezug zum Kitzloch
aufweisen. Eine von ihnen, die Studentin aus Norwegen, taucht öffentlich am 9. März in einer Sammelmeldung der Regierung zur Universität
Innsbruck auf. Ein Bezug zu einem Besuch in der Kitzloch-Bar fehlt
auch hier. Die Leserinnen und Leser der ORF-Online-Nachrichten erfahren allerdings ganz genau, dass es sich um eine Ausländerin handelt:

*Die am Coronavirus erkrankte Studentin aus Norwegen be-
suchte in der vergangenen Woche auch Lehrveranstaltungen
an der Universität Innsbruck. In Abstimmung mit der Landessanitätsdirektion und der Universität wurden die jeweiligen
LehrveranstaltungsleiterInnen sowie Studierende der betroffenen Lehrveranstaltungen umgehend informiert.* [82]

---

80   Mail vom 30.4.2020 der Abteilung Öffentlichkeitsarbeit im Amt der Tiroler Landesre-
     gierung an den Verfasser

81   Die vollständige Aussendung ist im Kapitel 21 in diesem Buch dokumentiert.

82   Zwei weitere CoV-Fälle: Uni macht dicht, Tirol.orf.at, 10.3.2020, https://tirol.orf.at/
     stories/3038280/ (abgerufen am 11.10.2020)

Tatsache ist: An diesem Montag, den 9. März 2020, wissen die Tiroler Behörden bereits genau, dass die erkrankte norwegische Studentin ebenfalls Gast im Kitzloch war. Eine entsprechende Nachfrage erfolgte nämlich am Abend des 8. März. Um 22:34 Uhr informiert Rosa Bellmann-Weile von der Universität Innsbruck die Tiroler Landessanitätsdirektorin Anita Luckner-Hornischer:

Liebe Anita, (…) – ja alle drei waren im Kitzloch.[83]

Ebenso wissen die Tiroler Behörden seit dem Vormittag des 8. März (als sie die Bar nur kurzzeitig geschlossen haben), dass auch die Tourist*innen aus Island diese Après-Ski-Bar besucht haben.

Die anderslautende öffentliche Kommunikation der Tiroler Behörden kann daher kein Versehen, sie kann nur Absicht sein. Auf diese Weise legen die Behörden eine falsche Fährte. Die COVID-19 Erkrankung in Ischgl sei ein singuläres Ereignis, das auf das Ausland verweist. Von dort sei das Corona-Virus nach Tirol eingereist. Somit hängen sie dem Virus quasi einen Reisepass an, je nachdem, woher sein ‹Wirt› oder seine ‹Wirtin› stammt oder zu stammen scheint. Norweger, Italiener, Deutsche, Chinesin oder Wiener …, ganz egal. Aber sicher nicht: ‹Tiroler› oder ‹Ischglerin›.

Dass der Aufenthalt im Wintersportort Ischgl die Verbreitung des Virus beschleunigt und für jede Person, die sich dort aufhält, die Gefahr mit sich bringt, sich zu infizieren, machen sie somit unkenntlich.

---

83   Akt ON153, S. 467

9. Ab 10. März kein Après-Ski mehr in Ischgl – oder doch?

Am Montagabend, den 9. März 2020, wird das Kitzloch um 21.20 Uhr behördlich gesperrt. Der Grund: Am selben Tag stellt sich um 14.30 Uhr heraus, dass auch die zweite Schicht, also weitere 16 Angestellte aus anderen Betrieben der Familie Zangerl, positiv auf COVID-19 getestet sind.

Am späten Vormittag des Tages bespricht die Tiroler Landeseinsatzleitung das Thema ‹Kitzloch-Bar›. Landeshauptmann Günther Platter (ÖVP) fragt im Verlauf der Sitzung ausdrücklich nach, ob es nicht sinnvoll sei, den Betrieb für 14 Tage zu schließen. Landessanitätsdirektor Katzgraber gibt darauf eine erschütternde Antwort:

> *Grundsätzlich ist das Personal infiziert und nicht die Lokalität selbst, d.h. nach gründlichem Desinfizieren steht dem Betrieb an sich nichts entgegen.* [84]

Das hier erwähnte «gründliche Desinfizieren» bestand tags zuvor übrigens aus einer «Wischdesinfektion» der holzgetäfelten Räumlichkeiten im Kitzloch. Das bedeutet in der Praxis: Der Vater des Betreibers Bernhard Zangerl wischte mit einem Putzlappen über den Boden und mit einem Tuch über die Tische und Sitzgelegenheiten. Dabei verwendet er handelsübliche Putzmittel.

Am 9. März bleibt die Bar von 14:30 Uhr bis 21:20 Uhr mit behördlicher Duldung offen. Die Verantwortlichen sehen am Nachmittag nach Bekanntwerden der Testergebnisse der Mitarbeiter*innen keine Notwendigkeit für eine sofortige Schließung.

Während im Tiroler Krisenstab über Ansteckungswege in einer Après-Ski-Bar philosophiert wird, kommen in der Bezirksverwaltung Landeck laufend Meldungen über Covid-19 Erkrankungen in Ischgl und im Paznauntal herein. Infizierte Ischgl-Gäste aus Dänemark und Deutschland berichten von Besuchen in weiteren Lokalen im Ort. Die Verteidigungslinie ‹Ischgl-ist-ohne-Virus› vom Vortag lässt sich allmählich nicht mehr aufrecht halten. Also schwenkt die Behörde um.

---

84   Akt ON147, S. 83

Die zuständige Bezirkshauptmannschaft Landeck erlässt tags drauf, am Dienstag, 10. März, eine weitreichende Verordnung. Sie betrifft Ischgl und hat es in sich. Unter der Ordnungsnummer LAKAT-COVID-EPI/57/1-2020 verordnet sie:

> *b) Zudem ist <u>bei allen</u> in der Gemeinde Ischgl gewerbebehörd-lich bewilligten Après-Ski-Lokalen der Après-Ski-Betrieb <u>unver-züglich</u> einzustellen.* [85]

Alle Après-Ski-Lokale in Ischgl sind also ohne Zeitverlust zu schließen. Der Verordnung ist eine Liste von 14 entsprechenden Lokalen beigefügt, für die dies zu gelten hat. Da Après-Ski-Bars in der Regel ab 15 oder 16 Uhr öffnen, würde eine unverzügliche Schließung bedeuten, dass sie an diesem Dienstag erst gar nicht mehr aufsperren können.

Zusätzlich bestimmt die Verordnung, dass die Polizei die Beschränkungen zu überwachen hat. Gegebenenfalls ist sie ermächtigt, «sicherheitspolizeilich» einzuschreiten, wie es heißt. Ebenso sieht der verbindliche Verordnungstext vor, dass die Busse und Lifte nur mehr halb so viele Personen transportieren dürfen. Das Ganze soll an der Amtstafel der Gemeinde kundgemacht werden. In den ersten Entwürfen zu dieser Verordnung war übrigens eine Drittel-Belegung der Seilbahnen angedacht. In der letzten Version ist nach Interventionen der Verantwortlichen aus Ischgl die erlaubte Belegung der Gondeln auf die Hälfte aufgestockt worden.

Doch ist Ischgl anders.

Am Dienstag, 10.3.2020, wird die Verordnung, die sofort Geltung erlangen sollte, noch nicht umgesetzt. Denn erst am Folgetag, am Mittwoch, den 11. März 2020, beraten die Entscheidungsträger darüber. Laut Sitzungsprotokoll setzen sie sich um 8 Uhr früh zusammen. Mit dabei sind vom Tourismusverband Paznaun Alexander von der Thannen und Michael Zangerl. Vom Vorstand der Ischgler Silvretta Seilbahn-AG nimmt Günther Zangerl in der Runde Platz. Als Vertreter der Kraft- und Schibusverkehre redet Wilhelm Siegele mit sowie der Vizebürgermeister Ischgls, Emil Zangerl. Und was tun die Entscheidungsträger? Sie ergehen sich – obwohl die Verordnung eine definitive Aufstellung der betroffene Lokale enthält – in theologisch anmutenden Auslegungen. So diskutieren sie, was denn als Après-Ski-Lokale zu gel-

---

85   Die Verordnung ist im Originaltext in Kapitel 19 des Buches abgedruckt.

ten habe. Auch bei anderen Problemstellungen versucht sich die Runde in Hermeneutik.

Dahingestellt sei, ob es in diesem Zusammenhang ein unbedeutendes Faktum ist, dass der Familie von der Thannen, die in Gestalt von Alexander von der Thannen mit am Infokreis-Tisch sitzt, entsprechende (und sehr große) Lokalitäten in Ischgl gehört: die Trofana Alm und die Trofana Arena, beide unweit ihres Top-Hotels gelegen. Von den beiden Feierorten steht seltsamerweise nur die Trofana Alm auf der Liste der Bezirkshauptmannschaft. Sie wäre jedenfalls ab sofort zu schließen. [86]

Also werden Telefone bemüht und Mails geschrieben. Ischgl richtet Fragen an die Bezirkshauptmannschaft. Was ist unter einem Après-Ski-Lokal zu verstehen? Gilt das Zusperren auch für Après-Ski-Lokale, die bei gleichen Lokalbesitzer*innen noch andere Lizenzen, etwa als Restaurants, haben?

Die Verantwortlichen stellen sich zunächst einmal ganz dumm. Gerade hier in Ischgl, wo man sich rühmt, die Weltmeister des Après-Ski-Events zu sein, wollen die lokalen Touristiker plötzlich nicht mehr wissen, was genau darunter zu verstehen ist. Ist das glaubwürdig?

Vizebürgermeister Zangerl meint laut Sitzungsprotokoll, dass eine Schließung dieser Lokale nur zu einer Verschiebung der Problematik auf andere Bars führen würde.

Dann bespricht die versammelte Runde eine weitere Verordnung, nun eine des Gesundheitsministeriums, welche die BH Landeck am 11.3.2020 veröffentlicht hat. Unter der Nummer LAKAT-COVID-EPI/57/2-2020 geht es darin nicht nur um Ischgl, sondern um alle Gemeinden in Tirol. Die Verordnung untersagt das Zusammenströmen von mehr als 500 Personen außerhalb geschlossener Räume und von mehr als 100 Personen in geschlossenen Räumen. [87]

In den Unterlagen der Landespolizeidirektion findet sich ein Antwort-Mail der Bezirkshauptmannschaft an die Ischgler Polizeiinspektion von 11.31 Uhr. Sein Inhalt lässt an Klarheit nichts zu wünschen übrig: Die genannten Après-Ski-Lokale sind an diesem Tag ab 16.00 Uhr zu

---

86   LPD Beilagen 2, 269

87   Siehe für den Verordnungstext in Kapitel 19, Die Verordnungen der Bezirkshauptmannschaft Landeck in chronologischer Reihenfolge.

schließen, ganz egal, welche Konzessionen die Lokale sonst noch haben.

Die hermeneutischen Bemühungen der Ischgler Entscheidungsträger
haben also wenig gefruchtet, außer Zeit zu schinden. Am 11.3. 2020
um 16.00 Uhr rückt die Polizei Ischgl zu Kontrollen aus. Das Resümee,
laut Polizeibericht:

> *Zwei der 14 Apres-Ski-Lokale sind nicht geschlossen, die Schatzi Bar und das Hotel Alpenglühen.* [88]

Was das von der Runde der Ischgl-Granden ebenfalls problematisierte
Zusammenströmen der Personen betrifft (nicht mehr als 500 draußen,
nicht mehr als 100 drinnen), so fotografiert die Polizei an diesem Tag
die Szenerie vor den Lokalen »Salz und Pfeffer», «Geris Pub», «Feuer
und Eis», «Cafe Winkler», «Pazze Nova», «Nikos Hexenküche», der
«Schatzi Bar», «Nikis Stadl», «Spezialitäten Plangger» und «Alpen-
glühn».[89] Die Fotos hält sie in einer Lichtbild Beilage fest. Sie zeigen
das Zusammenströmen der Gäste vor den Türen der Lokalen. Auf den
Bildern lässt sich gut erkennen, dass an mehreren Plätzen im Ort mehr
als die vorgeschriebenen 500 Personen versammelt waren. Dicht an-
einander gedrängt.

Der lapidare Kommentar der Polizeiinspektion zum Ergebnis ihrer Kontrollen lautet:

> *Eine zwangsweise Durchsetzung der Schließung erschien auf-
> grund des wetterbedingt starken Personenverkehrs und dem
> Umstand, dass damit lediglich eine Verlagerung der Menschen-
> ansammlungen erzielt würde, nicht verhältnismäßig.*[90]

Seitens der Polizeiinspektion Ischgl wird angeregt, den Betreibern am
folgenden Tag nahezulegen, die Verordnung doch bitte einzuhalten,
unter Androhung von Zwangsmitteln. Es ist mittlerweile ein Tag her,
dass auch die erste Verordnung vom 10. März 2020 in Kraft getreten
ist. In Ischgl allerdings nur auf dem Papier.

 Im Endeffekt werden also zwei Verordnungen der Bezirkshauptmannschaft Landeck (nämlich, dass die Après-Ski-Bars zu schließen sind und

---

88   Akt ON102, S.211

89   Akt ON102, S. 91 ff.

90   Akt ON102, S. 213

dass das Zusammenströmen von mehr als 500 Menschen untersagt ist) über zwei Tage hinweg nicht umgesetzt, bis zum 12.März nämlich.

Derweil breitet sich das Virus weiter im Ort aus. Und auch außerhalb Ischgls schießt die Zahl der Infektionen rasant nach oben. Am 11. März ruft die Weltgesundheitsorganisation WHO weltweit eine Corona-Pandemie aus. In Österreich gibt es insgesamt 206 Infizierte.

10. Eine Testreihe im Ort und das Ende der Wintersaison

Das alles ficht die Tiroler Behörden und die Verantwortlichen in Ischgl (noch) nicht an. Ischgl sei safe, meinen sie der Öffentlichkeit gegenüber. Die Wintersaison läuft daher, mit wenigen Einschränkungen, weiter. Öffentlich zugängliche Informationen über mögliche Ansteckungsrisiken sind nicht bereit gestellt. Stattdessen lassen sich die Verantwortlichen von weiteren Hiobsbotschaften über Infektionen treiben, statt dass von sich aus etwas zu unternehmen.

In den folgenden Tagen sagt die Tiroler Landesregierung die Saison in Tirol in Trippelschritten ab. Am 10. März 2020 verkündet Landeshauptmann Platter, dass die Schipisten ab dem kommenden Wochenende mit Ablaufdatum in zwei Wochen gesperrt werden würden. Am Mittwoch, den 11. März, ist diese Entscheidung nicht mehr weiter aufrecht zu halten. Nun erklärt Platter, dass das Saisonende bereits ab Samstag, den 14. März gelten würde. Infinit.

Mittlerweile gibt es in mehreren Ländern Einstufungen von Ischgl und Tirol als Hochrisikogebiet (Island, Dänemark, Norwegen). Am 13. März kommt Deutschland hinzu. Die von den jeweiligen Gesundheitsbehörden gemeldeten Fälle mit Ischgl-Bezug gehen bereits in die Hunderte.

Einen Tag später, am Mittwoch, 12.März 2020, beschließt der Tiroler Krisenstab, dass alle Schigebiete im Bundesland ab Sonntag, 15. März 2020, gesperrt werden sollen. Die Hotels haben am direkt folgenden Montag zu schließen. Darüber informiert das Amt für Öffentlichkeit am späten Donnerstagnachmittag die Medien. Am Freitag wird Landeshauptmann Platter um 10 Uhr eine Pressekonferenz dazu abhalten. Ausdrücklich bittet er auch die Vertreter der Wirtschaftskammer und der Seilbahnwirtschaft, dort dabei zu sein. [91]

Für die Urlaubenden in Ischgl kommt diese Entscheidung völlig überraschend. Denn zuvor hat sie niemand vor Corona im Ort gewarnt. Unisono und getrieben von der Sorge um die wirtschaftlichen Folgen haben die Ischgler Touristiker sowie die Schiliftbetriebe, Hotels, Bars und

---

91 CORONA IM TOURISMUS. Alle Hotels in Tirol von Schließung betroffen, *BVZ.at*, 13.3.2020, https://m.bvz.at/in-ausland/corona-im-tourismus-alle-hotels-in-tirol-von-schliessung-betroffen-epidemie-tirol-tourismus-viruserkrankung-coronavirus-196554548 (abgerufen am 4.10.2020)

Restaurants die Botschaft verbreitet, dass es dort kein Risiko gebe. Gondeln, Skilifte, Berghütten, Gasthäuser, Beiseln und Restaurants im Paznauntal halten auch am 12, März offen.

Doch nun überschlagen sich die Ereignisse. Für Ischgl heißt es:

Die Skisaison wird zum 14. März beendet.[92]

Als rechtliche Grundlage für diese drastische Maßnahme nennt die Tiroler Landesregierung das Epidemiegesetz, das zu dieser Zeit die einzige juristische Quelle ist, um eine solche Entscheidung zu rechtfertigen. Mit interessanten Konsequenzen, denn die betroffenen Tiroler Tourismusbetriebe können nun vor Gericht sogar einen Schaden geltend machen. Das gilt auch für die dritte Verordnung, die die Bezirkshauptmannschaft am 12. März 2020 erlässt und die ausschließlich für Ischgl Geltung haben soll. Mittlerweile ist nämlich auch den Behörden klar, dass in dem Ort etwas Außergewöhnliches passiert und man etwas unternehmen muss.

Im Grunde genommen beendet diese dritte Verordnung mit dem Titel LA-KAT-COVID-EPI/57/3-2020 die Wintersaison bereits an diesem Donnerstagabend. Denn sie besagt ausdrücklich:

> *a) Für die Bewohner der Gemeinde Ischgl sowie für die in dieser Gemeinde aufhältigen Personen wird die Beförderung mit jenen Kursen des Kraftfahrlinienverkehrs, welche der Abwicklung des Schibusverkehrs dienen, sowie mit Seilbahnanlagen verboten.*

> *Ausgenommen sind jene Kurse, die zur Aufrechterhaltung des öffentlichen Personennahverkehres dienen.*

> *b) Weiters wird für die Bewohner der Gemeinde Ischgl sowie für die in dieser Gemeinde aufhältigen Personen der Besuch sämtlicher im Gemeindegebiet befindlichen Gastgewerbebetriebe, die rein der Unterhaltung dienenden Aktivitäten darbieten, verboten. Diese Maßnahmen gelten innerhalb der Betriebsräume und außerhalb auf den Freiterrassen, Gastgärten und den vorgelagerten Freiflächen.*

---

92 Ischgl verkündet Saisonende zum 14.03.2020: Alle Après-Ski-Bars geschlossen, *Skiinfo.de*, 14.3.2020, https://www.skiinfo.de/news/a/637232/ischgl-verk%C3%BCndet-saisonende-zum-14-03-2020-alle-apr%C3%A8s-ski-bars-geschlossen

Mit anderen Worten: Die Seilbahnen müssen am Freitag, den 13. März 2020, bereits still stehen. Sämtliche Partys und Unterhaltungsevents sind ebenfalls untersagt. Damit ist in Ischgl am Freitag definitiv Schluss. Sollte man meinen.

Dennoch fährt der Journalist H.S. an diesem Freitag mit der Seilbahn auf den Berg und von dort gleitet er mit Schiern ins Tal. Denn trotz dieser dritten Verordnung sind am Freitag, 13. März 2020, in Ischgl die Seilbahnen noch bis etwa 18 Uhr in Betrieb.

Diese nur auf Ischgl bezogene dritte Verordnung des Bezirks Landeck findet sich nicht, wie sonst üblich, im Amtsblatt «Bote für Tirol», womit sie automatisch als kundgemacht und damit in Kraft gesetzt gelten würde. Sie muss durch Aushang am sogenannten «Schwarzen Gemeindebrett» Ischgls in Kraft gesetzt werden.

Der Bürgermeister von Ischgl, Werner Kurz, hat das aber erst am Samstag, den 14. März 2020, getan. Durch die weiter gehende Quarantäne-Verordnung ist diese Verordnung an diesem Tag eigentlich gegenstandslos.

In den Ermittlungsakten der Staatsanwaltschaft findet sich zu diesem bemerkenswerten Vorgang ein Amtsvermerk.

AKTENVERMERK

Kundmachung Verordnung LA-KAT-COVID-EPI/57/3-2020

Betreffend Kundmachung o.a. Verordnung teilt Bgm. Kurz dem Amtsleiter der Gemeinde Ischgl telefonisch mit, dass diese Verordnung am 14.03.2020 morgens kundgemacht werden soll, da der Landeshauptmann als letzten Schitag in Ischgl den 13.03.2020 festgelegt hat.

Dies sei mit Mag. Geiger von der Bezirkshauptmannschaft Landeck so vereinbart.

Ischgl, 12.03.2020

---

93 Siehe Kapitel 19 in diesem Buch, in dem die Verordnungen im Wortlaut wiedergegeben werden.

Der Bürgermeister begründet damit ein neuartiges Tiroler Rechtsstatut: Die Pressekonferenz des Landeshauptmanns vom Vormittag des 13. März, in der dieser angeblich etwas rechtsgültig verlautbaren könne. In Wahrheit ist diese Begründung des Ischgler Bürgermeisters natürlich eine reine Schutzbehauptung.

Die Bezirkshauptmannschaft Landeck hat auf Ischgl bezogen drei Verordnungen erlassen, die erste verlangt die Schließung der Après-Ski-Lokale, die zweite verbietet das Zusammenströmen von Menschenmassen (mehr als 500 Personen im Freien) und die dritte verlangt den Stopp der Seilbahnen. Keine von ihnen wird im Ort, so wie vorgeschrieben, umgesetzt.

Da sich alle drei Verordnungen – und auch die folgende Quarantäne-Verordnung – auf das Epidemiegesetz von 1950 beziehen, sind Anträge auf Ausgleichszahlungen der Tiroler Hoteliers auf dem Weg. Auch Betriebe aus Ischgl sind dabei, obwohl man es dort mit den Verordnungen nicht so genau genommen hat.

Die Zeitung Der Standard berichtet dazu:

> *Die Verordnungen wurden noch auf Basis des Epidemiegesetzes erlassen, das eben Entschädigungen bei Schließungen vorsieht. Daher pochen jetzt rund 5.000 Beherbergungsbetriebe auf die Kompensation des Verdienstentgangs. Bei den zuständigen Bezirkshauptmannschaften oder Magistraten sind schon zahlreiche Anträge auf Ausgleichszahlung eingegangen.* [94]

Und was passiert mit den geschädigten Urlaubenden sowie mit den Bewohner*innen von Ischgl? Sie sind von den Behörden nicht geschützt worden und haben sich im Ort ordentlich angesteckt. Das machen Testergebnisse aus den Tagen vor der Quarantäne deutlich. In der letzten Wintersaisonwoche werden Verdachtsfälle im Ort nun doch getestet.

Vom 7. bis 13. März 2020 erreichen die zuständige Bezirkshauptmannschaft 104 Meldungen über konkrete Verdachtsfälle. Sie lässt diese Fälle testen.

---

94 Entschädigung für Schließungen? Hoteliers pochen auf Ansprüche, Der Standard, 23.4.2020, https://www.derstandard.at/story/2000117056497/entschaedigung-fuer-schliessungen-hoteliers-pochen-auf-ansprueche (abgerufen am 27.9.2020)

Das Resultat: <u>60 positive Coronavirus-Testergebnisse</u>, so teilt die Tiroler Landesregierung auf eine entsprechende Recherche-Anfrage mit.[95] Das sind rund 60 Prozent der getesteten Personen!

Dennoch haben bis Freitag, 13. März 2020 um 14 Uhr die Menschen im Ort keine amtlichen Warnungen darüber erhalten, wie verbreitet das Virus in Ischgl ist. Dass eine Quarantäne ausgerufen wird, trifft sie folglich überraschend – außer, sie haben zufällig ein Ohr für die vielen Gerüchte gehabt, die in Ischgl seit Wochen kursieren.

95 Mail vom 30.4.2020 von der Abteilung Öffentlichkeitsarbeit im Amt der Tiroler Landesregierung

Ischgl wird zum Superspreader in Europa

Am Freitagvormittag, 13. März 2020, ist die Situation in Tirol dann eindeutig. Wie Landeshauptmann Günther Platter (ÖVP) in der angekündigten Pressekonferenz gegen 10 Uhr bekannt geben wird, wird die Wintersaison im Bundesland mit dem kommenden Wochenende definitiv beendet. Da das Virus in Ischgl umgeht, hat diese Sachlage zur Folge, dass jeder Mensch, der sich in dieser Woche in Ischgl aufgehalten hat oder noch aufhält, mit COVID-19 infiziert sein könnte und dadurch potentiell weitere Personen ansteckt.

Die Herausforderung wäre also gewesen: Wie verhindern die Behörden, dass sich mit den Menschen die Infektionen unkontrolliert in Österreich und in Europa ausbreiten?

Monate später, am Mittwoch, den 12. Oktober 2020, steht definitiv fest, dass dies nicht gelungen ist. Ich bin in Innsbruck. Normalerweise spielt hier die Musik. In besonderen Situationen (und die beginnende zweite Welle von COVID-19 ist durchaus eine solche) finden im Haus der Musik im Universitätsviertel Pressekonferenzen statt. Der große Saal ist bei der Bühne lichtdurchflutet und insgesamt ausreichend groß für 50 Personen unter COVID-19-Bedingungen. Abstandhalten fällt dort leicht. Rund 25 Journalist*innen und etliche Kamerateams warten auf den Beginn einer Pressekonferenz.

Nach einiger Wartezeit ziehen drei Herren und eine Dame in den Saal ein. Sie sind Mitglieder der Expertenkommission mit dem Titel «Management COVID19-Pandemie Tirol», die die Tiroler Landesregierung im Sommer 2020 eingesetzt hat mit dem Auftrag, die Vorgänge zu untersuchen, die dazu geführt haben, dass Ischgl ein «Superspreader» von Corona geworden ist. [96]

---

96 Mitglieder dieser Kommission sind: Bruno Hersche, Berater für Sicherheit Katastrophen- und Krisenmanagement; Winfried V. Kern, Leitender Arzt im Zentrum für Infektiologie und Reisemedizin der Albert-Ludwigs-Universität Freiburg; Nicole Stuber -Berries, Institut für Tourismuswirtschaft der Hochschule Luzern; Alexandra Trkola, Leiterin des Instituts für Medizinische Virologie der Universität Zürich; Karl Weber, ehemaliger Ordinarius des Instituts für Öffentliches Recht, Staats- und Verwaltungslehre der Universität Innsbruck sowie Ronald Rohrer, ehemaliger Vizepräsident des Obersten Gerichtshofs der Republik Österreich.

Der Kommissionsvorsitzende Richter Ronald Rohrer redet lange und ausführlich. Seine Stimme klingt streng, wenn er «folgenschwere Fehleinschätzungen» der lokalen Behörden erwähnt. Diese betreffen die Schließung der Après-Ski-Lokale in Ischgl und das Versäumnis, «zielführende Maßnahmen» zu setzen, um die Ausbreitung des Virus soweit möglich zu verhindern.

Die Ankündigung von Bundeskanzler Sebastian Kurz (ÖVP) in einer Pressekonferenz am 13. März 2020, das gesamte Paznauntal «ab sofort» unter Quarantäne zu stellen, kam «ohne Bedachtnahme auf die notwendige substantielle Vorbereitung» zustande, so der Jurist Rohrer. Das Ergebnis: eine «Panikreaktion» bei den Gästen.

Das ist eine deutliche Kritik am Handeln und Kommunizieren der Tiroler Behörden wie auch der Bundesregierung. Ausgenommen dabei ist eine Person, die an der Spitze der Tiroler Politik steht: Landeshauptmann Günther Platter. Wenigstens er habe, zugespitzt formuliert, (fast) alles richtig gemacht. Dies trifft allerdings nicht zu, wie meine Recherchen ergeben haben.

Nachdem eben jener Landeshauptmann Platter am Freitag, den 13. März 2020 um 10 Uhr in seiner eigenen Pressekonferenz das Ende der Wintersaison in Tirol bekannt gegeben hat, überschlagen sich in Innsbruck, Landeck und Ischgl nämlich die Ereignisse. Gegenüber der Kommission gibt der Landeshauptmann über den Ablauf zu Protokoll, dass er sich nach einem Telefongespräch mit Kanzler Sebastian Kurz zu diesem Zeitpunkt aus seiner Verantwortung zurückgezogen habe. Er betrachtete es lediglich als seine Aufgabe, die «Krisenstäbe zu informieren», wie er bei seiner Einvernahme vor der Kommission anmerkt. Das ist zu hinterfragen. [97]

Meine entsprechende Nachfrage während der Pressekonferenz bleibt freundlich unbeantwortet. Rohrer sagt, er kenne die Mails nicht, aus denen ich bei meiner Frage zitiere. Aus ihnen geht hervor, dass der oberste politische Repräsentant Tirols in alle wesentlichen Entscheidungen der ihm untergeordneten Behörden im Bezirk und der Landesregierung eingebunden war. Nicht selten wird er in ihnen ausdrücklich als «lieber HLH» adressiert, wobei die Abkürzung HLH für «Herr Landeshauptmann» steht. Dies trifft auch auf die amtlichen Informationen

---

97   Bericht Expertenkommission, S.178

und Pressemitteilungen zum Coronavirus vom 5. und 8. März zu, die falsche Aussagen enthalten haben.

Eine weitere Bemerkung in diesem Expertenbericht lässt allerdings aufhorchen. Sie betrifft den Usus der derzeitigen Regierungspolitik in Österreich, dass Pressekonferenzen politische Fakten schaffen. Dies kritisiert der Vorsitzende deutlich.

> *Wie bereits gezeigt, kann eine Pressekonferenz eines obersten Verwaltungsorgans bestehende Gesetze und Verordnungen nicht außer Kraft setzen.* [98]

---

98 Bericht Expertenkommission, S. 106

11. Freitag, der 13. März: (Fast) alle müssen raus!

Der Höhepunkt des Ischgler Dramas beginnt mit so einer Pressekonferenz. Am Freitagnachmittag, dem 13. März 2020, verkündet Bundeskanzler Sebastian Kurz in Wien bei einem Auftritt des «virologischen Quartetts» (das ist das Setting einer Pressekonferenz zum Thema Corona mit der Besetzung: Kanzlers Kurz samt Vizekanzler Werner Kogler, Gesundheitsminister Rudi Anschober und Innenminister Karl Nehammer) um 14:07 Uhr eine Quarantäne für Ischgl, See, Kappl, Galtür und Sankt Anton am Arlberg. Die Nachricht kommt für die allermeisten Menschen überraschend.

In Tirol wissen einige Menschen indes mehr und früher Bescheid als die anderen. Dies gilt besonders für die Nachricht, dass das Paznauntal und St. Anton unter Quarantäne gestellt werden. Der Ischgler Tourismusverband ist ausnehmend gut informiert. Daher weiß man dort mehr als eine Stunde vor der Pressekonferenz von der Quarantäne. Die wichtige Information wurde offenbar geleakt.

Um 12:58 Uhr verschickt der Verband also ein E-Mail an alle Beherbergungsbetriebe in Ischgl, mit dem er sie vorwarnt. Es enthält bereits Lage und Namen des Kontrollpunktes an der Bundestraße 188 und die Information, dass ausländische Gäste ein Formular benötigen werden, das zu diesem Zeitpunkt noch nicht existiert.

> *12:58 Uhr: Mail TVB Paznaun an alle Beherbungsbetriebe: Abreise der Gäste nur mit Formular*
>
> *Liebe Vermieter, wir möchten euch darüber informieren, dass wir soeben informiert wurden, dass in Ulmich ein Check Point eingerichtet wird und Abreise nur mit einem Formular (dieses gibt es noch gar nicht) möglich ist. (....) Personalabreise ist nur für Personen mit Hauptwohnsitz Bezirk Landeck möglich, alle anderen Mitarbeiter müssen 14 Tage in Ischgl bleiben.*
>
> *Wir informieren wieder.*
>
> *Liebe Grüße* [99]

---

[99] LPD Beilagen 2, 101

Als kurze Zeit später auch die Winterschiregion St. Anton am Arlberg unter Quarantäne gesetzt wird, schreibt der dortige Tourismusverband erst nach der Pressekonferenz des Bundeskanzlers am 13. März 2020 um 14:47 Uhr an die Bevölkerung.

> *Liebe Einheimische,*
>
> *mittlerweile hat unsere Bundesregierung die Quarantäne über St. Anton am Arlberg verhängt. Wir sind derzeit mit den Behörden in Kontakt, können aber die konkreten Auswirkungen noch nicht abschätzen.*
>
> *Mit freundlichen Grüßen,*
>
> *Der Krisenstab der Gemeinde St. Anton am Arlberg*
>
> *Bgm. Helmut Mall* [100]

In St. Anton am Arlberg bekommen die Verantwortlichen nämlich keine Vorabinformation, daher erfahren die Touristiker von der Quarantäne erst übers Fernsehen, wo die Pressekonferenz des Kanzlers im ORF live übertragen wird. Selbst der Bürgermeister, Helmut Mall (ÖVP), erhält erst kurz vor dieser Kanzler-Pressekonferenz gegen 13:30 Uhr einen Anruf von Landeshauptmann Platter mit der Ansage, er solle den Fernseher aufdrehen, es werde zu einer Quarantäne für St. Anton kommen.[101]

 Wer ist eigentlich dazu befugt, eine Tiroler Region abzusperren. Und wer ist dann dafür zuständig, die Isolierung im Detail zu organisieren? Die Antwort auf diese Frage ist im föderal verländerten Österreich gar nicht so einfach.

Fest steht, dass der Bundeskanzler laut Verfassung diese Befugnis nicht hat. Sie kommt vielmehr dem jeweiligen Landeshauptmann bzw. der Landeshauptfrau als «*mittelbare Bundesverwaltung*» zu. Im Fall einer Pandemie ist auf Bundesebene der Gesundheitsminister zuständig. Zu der Zeit ist dies Rudolf Anschober (GRÜNE). Das Bundeskanzleramt hat rechtlich gesehen keine Kompetenz, eine solche Maßnahmen zu

---

[100] Mail des Tourismusverbands St. Anton am Arlberg, *info@stantonamarlberg.com* vom 13.3.2020, von 14:47 Uhr

[101] So die Aussage von Bürgermeister H. Mall bei der Expertenkommission laut: Bericht Expertenkommission, S. 87 und S. 171

verfügen. Kurz fungiert hier nur als eine Art Lautsprecher und gibt am Freitagmittag kurz nach 14 Uhr die Quarantäne medial bekannt. Dabei wählt er diese Worte:

> *Es werden daher das Paznauntal und Sankt Anton am Arlberg unter Quarantäne gestellt.*
>
> *Diese Gebiete werden a b s o f o r t isoliert.*
>
> *Österreicherinnen und Österreicher, die in diesen Gemeinden: Ischgl, See, Kappl, Galtür und Sankt Anton am Arlberg leben, auch die österreichischen Urlauberinnen und Urlauber dort sowie alle Mitarbeiterinnen und Mitarbeiter in diesen Gemeinden werden selbstverständlich bestens versorgt und werden schon in 14 Tagen die Möglichkeit haben, ihr gewohntes Leben fortzusetzen.*
>
> *Ich möchte insbesondere den Menschen in diesen Gemeinden versichern, dass die Versorgung für sie gewährleistet ist.*
>
> *Die Maßnahmen, die wir setzen, sind mit den Landeshauptleuten in allen Bundesländern besprochen und werden auch von allen Bundesländern mitgetragen.* [102]

Also informiert Kanzler Kurz in diesen Minuten, dass die betroffenen Gemeinden «ab sofort» isoliert würden. Diese Formulierung sollte sich als eine wirkungslose Ankündigung in Bezug auf das tatsächliche Absperren herausstellen. Denn zum Zeitpunkt seiner Aussage geschieht im Paznauntal und in St. Anton genau nichts. Es gehen keine Schlagbäume herunter und es werden auch keine Teststationen im Tal errichtet. Das Leben läuft (noch) genauso weiter, wie zuvor.

Verkehrsbeschränkungen durchzuführen, die die Voraussetzung einer wirkungsvollen Isolierung einer Gemeinde sind, ist die Aufgabe der Polizei. Zuständig für die Polizei: der Innenminister. Dieser, Karl Nehammer (ÖVP), präzisiert im Laufe der Pressekonferenz daher die Ausführungen von Kanzler Kurz.

---

102 Abschrift aufgrund eines Mitschnitts der Pressekonferenz auf youtube. *Corona Virus: Sebastian Kurz Pressekonferenz 13.3. 2020* https://www.youtube.com/watch?v=64_gbCTT7jA (abgerufen am 5.10.2020) Zudem ist das Video heruntergeladen und gesichert.

Inländer müssen drinnen bleiben, Ausländer sollen ausreisen. Nehammer benennt das Ziel dieses Vorgehens: Man möchte verhindern,

Er kündigt ferner an, dass die Gesundheitsbehörden der Heimatländer informiert würden, um auch dort die Verbreitung des Virus einzudämmen.

Tatsächlich reisen in den folgenden Stunden die Menschen unkontrolliert aus, bevor die Schlagbäume gegen 19:30 Uhr fallen. Zuvor fordern in Ischgl die Verantwortlichen sogar dazu auf, das Tal noch zu verlassen. Das wird in einem zweiten Mail des Paznauner Tourismusverbands an die Beherbergungsbetriebe kurz vor 15 Uhr deutlich aufgeschrieben:

---

103 Ebenda

104 Ebenda

105   LPD Beilagen 2, 97

Erst rund zweieinhalb Stunden nach der Pressekonferenz der Bundesregierung erfolgt die amtliche Information an die Beherbergungsbetriebe über die angeordnete Isolation, und zwar kurz vor 16:30 Uhr.

Die zuständigen Polizeikräfte am Verkehrskontrollpunkt sind unterdessen nur mündlich durch die Bezirkshauptmannschaft Landeck in Kenntnis gesetzt worden. Vorgesehen sind drei Checkpoints im Paznaun: auf der Pianner Höhe, bei Ulmich und in Ischgl. Verantwortlich für die korrekte Durchführung der Quarantäne vor Ort sind de facto die Hotels und Pensionen. Sie werden nämlich angewiesen, ihre österreichischen (!) Gäste, sofern noch welche da sind, festzusetzen.

In dem Schreiben an die Betriebe vom Amt der Tiroler Landesregierung *COVID-19-Maßnahme - Gästeausreiseblatt / Quarantäne* steht dazu ausdrücklich:

> *Die Beherbergungsunternehmen sind angehalten, österreichische Gäste nicht abreisen zu lassen und alle ihre MitarbeiterInnen des Beherbergungsbetriebs in Quarantäne zu nehmen.*[106]

Wir erinnern uns an den Ablauf im Fall des pensionierten Journalisten H.S. Vor 16 Uhr noch informiert ihn sein Hotel, dass er abreisen könne, wenn er und seine Reisegruppe in den Linienbus nach Landeck einsteigen.

Was sich in den Stunden nach Bekanntgabe der Quarantäne im Paznauntal abspielt, ist das reine Chaos, eine fluchtartige, hastige Massenabreise der Gäste – oder sollte man formulieren: eine Vertreibung?

Kanzler Sebastian Kurz verkündet eine Quarantäne, die die Behörden vor Ort deshalb nicht durchführen können, weil sie in keinster Weise vorbereitet sind. [107] So liegt das von Innenminister Karl Nehammer erwähnte Gästeausreiseblatt in den Hotels nicht auf, weil es die Bezirksbehörde Landeck nicht parat hat.

---

106 LPD Beilagen 2, 625. Amt der Tiroler Landesregierung: COVID-19 Maßnahme - Gästeausreiseblatt / Quarantäne, 13.3.2020

107 So auch die Expertenkommission: «Durch diese Ankündigung des Bundeskanzlers kam es zu Panikreaktionen von Gästen und Mitarbeitern, wodurch es zu der in der Folge beschriebenen überstürzten Abreise kam. Anhaltspunkte dafür, dass auch ohne eine derartige Ankündigung, die am Wochenende 14./15.03. mögliche Abreise der Gäste gleichermaßen chaotisch verlaufen wäre, bestehen nicht.» (Bericht Expertenkommission, S. 27)

Sie sendet es gegen 16:30 Uhr per Mail – zusammen mit der bereits zitierten Info zur Quarantäne. Keine Person, die zuvor ausreist, kann folglich so ein Formular mit sich führen und die Polizeibeamt'*innen, die an der Bundesstraße 188 stehen, können es auch nicht kontrollieren. Stattdessen schauen sie lediglich nach, ob die Betreffenden eine Gästekarte mit sich führen. Und sie werfen einen Blick in den Reisepass.

Warum ist die Quarantäne nicht ordentlich organisiert worden?

Offenbar, weil die österreichische Bundesregierung die Entscheidung kurzfristig, überhastet und unkoordiniert trifft. Jedenfalls arbeitet die zuständige Bezirkshauptmannschaft Landeck noch um 12:12 Uhr desselben Tages an einer anderen Verordnung, die keine Quarantäne-Maßnahmen enthält. Zu diesem Zeitpunkt versendet Bezirkshauptmann Maaß nämlich den 4. Entwurf einer «verkehrsbeschränkenden Verordnung für den gesamten Bezirk (VO-Betriebssperren-4-Entwurf)». Empfänger des Mails ist unter anderen: Herbert Forster, der Tiroler Landesamtsdirektor, der eigentlich mit der Organisation der Quarantäne beschäftigt sein sollte. Ihr Inhalt ähnelt dem Text der dritten Verordnung, die ausschließlich für Ischgl gilt, die der Bürgermeister aber nicht rechtzeitig kund gemacht hat.

Mit dieser Bezirksverordnung wären alle für den Tourismus wichtigen Betriebe und die Seilbahnen im Tiroler Bezirk Landeck ab Samstag gesperrt worden. Tatsächlich wird sie am Samstag, den 14. März, so wie vorgesehen für den gesamten Bezirk im «Boten für Tirol» veröffentlicht. Da die Quarantäne-Verordnung über diese hinaus geht, wird die Betriebssperren-Verordnung damit gegenstandslos. Offenbar weiß die zuständige Bezirkshauptmannschaft am Freitag um 12:12 Uhr noch nichts davon, dass sie für Ischgl und St. Anton eine weiter gehende Verordnung auszuarbeiten hat– inklusive eines Formulars, das «Gästeausreiseblatt» genannt werden soll.

Wie es zu der überstürzten Entscheidung der Bundesregierung kommt, ist schwirig aufzuklären. Im Bericht der Tiroler Expertenkommission wird die Entscheidungsfindung am Vormittag des 13. März 2020 anhand der Aussagen von Kanzler Kurz und Landeshauptmann Platter (beide ÖVP) so rekonstruiert:

Am 13.03. kam es unmittelbar vor der Pressekonferenz des Landeshauptmanns zu einem Telefonat zwischen diesem und dem Bundeskanzler. Der Bundeskanzler teilte mit, dass im Einvernehmen mit dem Innenminister und dem Gesundheitsminister die Quarantäne für das Paznauntal und St. Anton a. A. ausgesprochen werden soll. Der Bundeskanzler erklärte, die Bundesregierung sei zuständig und übernehme auch die Kommunikation.

Der Landeshauptmann erklärte sich einverstanden, verwies aber darauf, dass sich jetzt die Stäbe rasch zusammensetzen müssen, um die Details auszuarbeiten, weil es diese noch nicht gibt. Der Landeshauptmann verständigte unmittelbar nach dem Telefongespräch den Landesamtsdirektor, damit die erforderlichen Vorbereitungen getroffen werden. In die weitere Vorgehensweise erachtete sich der Landeshauptmann nicht mehr eingebunden, weil das eine Entscheidung des Bundes gewesen sei. [108]

Demnach informiert der unzuständige Bundeskanzler den zuständigen Landeshauptmann über die Quarantäne, der daraufhin eine Nachricht der Art «da wird eine Quarantäne kommen» an den Landesamtsdirektor weiter leitet, sich aber «in die weitere Vorgehensweise» nicht mehr «eingebunden» sieht. Das ist seltsam, denn später telefoniert der Landeshauptmann noch mit dem Bürgermeister von St. Anton und rät ihm, die Kanzler-Pressekonferenz anzuschauen, weil eine Quarantäne käme. Ob der Kürze der Zeit kann dieser eh nichts mehr unternehmen, außer den Krisenstab von St. Anton zu informieren und die Anwesenden um strengste Vertraulichkeit zu bitten.

Wenn diese Darstellung den tatsächlichen Ablauf wiedergibt, dann sehen wir dabei zu, wie sich der dem Gesetz nach Verantwortliche «in mittelbarer Bundesverwaltung» in einer für Tirol entscheidenden Situation aus der Verantwortung stiehlt. Mit der logischen Konsequenz, dass die Bezirksverwaltung Landeck plötzlich mit der gesamten Organisation der Quarantäne alleine da steht.

Von daher mag es kaum mehr verwundern, dass die Abreise so chaotisch verlaufen ist und dazu geführt hat, dass das Virus in Österreich und in den Herkunftsländern der Urlaubenden und

---

108 Bericht Expertenkommission, S. 26

Saisonmitarbeiter*innen verbreitet wurde. Daher auch die Redeweise von Ischgl als «Superspreader». Immerhin lassen sich 11.000 Corona-Infizierte in ganz Europa auf den kleinen Touristenort Ischgl mit seinen 1.600 Einwohnern zurückführen. [109]

Wenn es sich tatsächlich so wie hier dargestellt abgespielt hat, dann bezahlen diese Menschen einen hohen Preis für einen glamourösen Medienauftritt des österreichischen Bundeskanzlers. Seine Quarantäne-Ankündigung wirkt nämlich wie ein Signal dafür, dass, wer kann, die Beine in die Hand nimmt und Ischgl schnellstmöglich verlässt.

Auf der einzigen Ausfallstraße des Paznauntals bildet sich am Freitagnachmittag aufgrund des enormen Verkehrsaufkommens ein kilometerlanger Stau von Fahrzeugen aller Art. Bis Mitternacht warten neben privaten PKWs auch Taxis und Busse. Denn viele Ischgl-Gäste sind, so wie der pensionierte Journalist H.S. und seine Reisegruppe, nicht mit ihrem Auto angereist, sondern mit dem Bus, der Bahn oder dem Flugzeug. Für sie gibt es nur eine Möglichkeit, aus dem Tal herauszukommen: mit einem der wenigen Taxis, in einem Linienbus oder in einem kurzfristig gecharterten Reisebus.

Wer erst an einem der folgenden Tage mit dem Flugzeug abfliegt, muss sich in Innsbruck und Umgebung ein Hotelzimmer nehmen. Die Quarantäne-Verordnung erzwingt nämlich ausnahmslos die Abreise aus Ischgl. Diese Personen sind also logistisch und bei bestem eigenen Willen nicht in der Lage, so wie vorgeschrieben o h n e Umwege aus Ischgl auszureisen, wie es der österreichische Innenminister verkündet hat.

Sie m ü s s e n Umwege machen, um nach Hause zu kommen.

Bis auf wenige Ausnahmen werden alle Urlaubende aus Österreich heimgeschickt. Wer von den Hoteliers in Ischgl möchte denn zwei Wochen lang Gäste verköstigen und ihnen Unterkunft bieten - ohne Einnahmen?

---

109 Die Akte Ischgl, Spiegel 25.6.2020, https://www.spiegel.de/politik/ausland/corona-in-ischgl-wer-versagte-wer-wegschaute-und-wer-dafuer-bezahlen-muss-a-20be2617-768f-40f5-8af0-df8b591aa6b1 (abgerufen am 19.10.2020) Der Spiegel bezieht sich dabei auf Recherchen des ORF.

Das Tal ist jedenfalls weitgehend «entleert» (eine Ausdrucksweise der Touristiker), bevor die Quarantäne-Verordnung gegen 19:30 Uhr abends in Kraft tritt. [110]

Bis dahin herrscht an diesem Freitagnachmittag im Paznauntal ein rechtliches Vakuum.

Wenige Stunden vor der Information durch Kanzler Sebastian Kurz (ÖVP) über die Quarantäne läuft in Ischgl noch normaler Urlaubsbetrieb. Die Lifte fahren, Restaurants haben geöffnet. In den Frühstücksräumen der Hotels treffen sich am Morgen die Gäste am Buffet. Einzig die Après Ski Bars sind mittlerweile wirklich geschlossen. Welche Überlegungen haben dazu geführt, dass ausgerechnet ab 14 Uhr das alles brandgefährlich sein sollte? Warum also wählt der Bundeskanzler die drastische Formulierung, dass das Tal «ab sofort» isoliert sei? Als Antwort haben wir nur die dürre Auskunft, dass etwas unternommen werden musste und dass der Bund die Kommunikation an sich ziehen wollte. Die Organisation müsse vor Ort stattfinden. [111]

Nehmen wir als Beispiel für die Folgen seines fatalen Signals die Stadt Rosenheim in Bayern. Von dort ist man mit dem Auto in zweieinhalb Stunden in Ischgl. Daher ist das Paznauntal eine beliebte Destination der Rosenheimer*innen für einen kurzen oder auch für einen längeren Schiurlaub.

Auch in der letzten Quarantäne-Woche waren eine Reihe von Urlaubenden aus der Stadt in Oberbayern im Tal. Sie haben sich, wie viele andere auch, infiziert. Ihr ‹Ischgl-Souvenir› haben sie danach bei einem Starkbierfest vor Ort weitergegeben, berichten lokale Medien. [112] Eine rechtzeitige und präzise Information aus Ischgl und eine geordne-

---

110 Siehe die Verordnung LAKAT-COVID-EPI/57/9-2020, im Original wiedergegeben in Kapitel 19.

111 «Es sei die Meinung Tirols und des Gesundheitsministeriums eingeholt worden, die diese Maßnahme als sinnvoll erachtet haben. Dadurch habe man verhindern wollen, dass es aus diesem Hotspot zu einer weiteren Ausbreitung komme. Das Bundeskanzleramt habe jedoch keine Entscheidungskompetenz in dieser Frage. Aber er habe sich für die Vornahme der Kommunikation bereit erklärt, da es alle für sinnvoll erachtet haben und man Verwirrung vermeiden wollte.» Zusammenfassung seiner Aussage vor der Expertenkommission laut: Vericht Expertenkommission, S. 165

112 Rosenheim als Hotspot des Coronavirus: Starkbierfest oder doch die Nähe zu Ischgl?, *OVB online*, 27.5.2020, https://www.ovb-online.de/weltspiegel/bayern/rosenheim-hotspot-coronavirus-starkbierfest-anfang-maerz-dazu-beigetragen-13634058.html (abgerufen am 27.9.2020)

te Abreise hätte die Infektionskette in Rosenheim unterbrechen können.

Daher hat ein Journalist des Oberbayrischen Volksblatts bei dem zuständigen Gesundheitsamt in Rosenheim nachgefragt, wann die Information aus Ischgl über die Quarantäne-Ausreisenden im 200 Kilometer entfernten Rosenheim angekommen ist.

Wir erinnern uns: Innenminister Nehammer kündigt im Laufe der Pressekonferenz an, dass die Gästeausreiseblätter an die Gesundheitsbehörden der Herkunftsländer weiter gegeben werden. Tatsächlich existiert das entsprechende Formular zum Zeitpunkt der Massenausreise noch nicht, also sind die Abfahrenden in den ersten beiden Stunden ohne dieses Formular unterwegs.

Die schlichte Antwort des Rosenheimer Gesundheitsamts auf die Nachfrage des Journalisten, ob dort jemals Gästeausreiseblätter angekommen sind, lautet: niemals.

> *(D)ort sind solche Formulare nicht bekannt. Wir haben solche Formulare folglich auch nicht bekommen.* [113]

Eine wesentliche Frage, die das chaotische «Ausreisemanagement» in Tirol und Wien betrifft, lautet also: Wo sind die ganzen Gästeausreiseblätter geblieben, mit deren Hilfe mögliche Infizierte in ihren Heimatländern hätten aufgespürt werden können?

Auf eine entsprechende parlamentarische Anfrage des Abgeordneten Gerald Loacker (NEOS) hin gibt der österreichische Gesundheitsminister Rudi Anschober (GRÜNE) dazu folgende Auskunft:

> *Die Gästedatensätze wurden unter anderem an den Krisenstab im BMSGPK übermittelt. Das BMSGPK hat am 16. März 2020 vom Land Tirol zwei Dokumente mit einer Übersicht der Gästeausreiseblätter erhalten. Nach Auswertung sehen die Zahlen der Tabelle folgendermaßen aus: Die Datei ‹Gästeausreiseblatt gesamt› hat 3204 Datensätze (bereinigt und kontrolliert).*

---

113 Vorwürfe gegen Ischgl, Tirol und Kanzler Kurz: Auch Rosenheimer klagen – Finanzier gesucht, OVB online, 23.9.2020, https://www.ovb-online.de/rosenheim/landkreis/ auch-rosenheimer-opfer-hoffen-klagen-wegen-corona-desasters-in-ischgl-eingereicht- (abgerufen am 27.9.2020)

Von diesen 3204 Datensätzen sind laut Zählung vom 7.7.2020 gesamt 2695 Personen/Datensätze mit dem Wochenende 13./14. März datiert. Konkreter: Mit dem Datum 13.03.2020 liegen 1549 Personen/Datensätze und mit dem Datum 14.03.2020 1146 Personen/Datensätze vor (=2695). Daher kann angenommen werden, dass diese Personen aus über 35 Staaten am 13.3 und 14.3. ausgereist sind. Die übermittelten Dateien wurden sofort nach Übermittlung an das Tracing Team des BMSGPK von diesem bearbeitet und an alle betroffenen Staaten via EWRS bzw. IHR-Focal Point weitergeleitet. Eine Aufschlüsselung nach Datum, Uhrzeit und Adressaten ist aus Ressourcengründen derzeit nicht möglich. [114]

Aus dem Behördendeutsch übersetzt bedeutet die Passage im Klartext: Im Zuge des «Ausreisemanagements» der Tiroler und Wiener Behörden sind Informationen von 2695 Personen aus mehr als 35 Ländern gesammelt worden, die möglicherweise mit COVID-19 infiziert sind. Im Paznauntal befanden sich in der Woche zusätzlich zu den Einwohner*innen geschätzt rund 10.000 Personen (Gäste inklusive Hunderter Saisonmitarbeiter*innen). Die Daten über sie sind irgendwann nach der Ausreise über das EWRS übermittelt worden.

Zumindest in Rosenheim, wo bei den Gesundheitsbehörden ein Ischgl-Cluster bekannt ist, sind diese wichtigen Informationen niemals angekommen. Auch deshalb verbreitet sich das Virus aus Ischgl dort so rasch.

Haben diese Gästeblätter wenigstens andere Regionen in Duetschland und Europa erreicht? Das erscheint nach meinen Recherchen mehr als fraglich.

Das deutsche Bundesgesundheitsministerium antwortet auf eine entsprechende Anfrage:

(D)em Bundesministerium für Gesundheit liegt hierzu keine Kenntnis vor. Die direkte Erfassung von Infektionsfällen sowie die Kontaktpersonennachverfolgung liegt in Deutschland in der Zuständigkeit der lokalen Gesundheitsämter. Ich bitte Sie daher sich hierzu an die Bundesländer zu wenden. [115]

---

114   Anfragebeantwortung (2548/AB) durch den Bundesminister für Soziales, Gesundheit, Pflege und Konsumentenschutz Rudolf Anschober, 19.8.2020, S. 8ff

Das habe ich getan. Per Mail gingen Fragen an drei ausgewählte Landesgesundheitsämter in Deutschland, nämlich in Bayern, in Nordrhein-Westfalen und in Hamburg. Alle antworten, dass die Informationen aus den Gästeausreiseblättern niemals angekommen sind.

Das *Bayerische Staatsministerium für Gesundheit und Pflege* teilt auf die Frage, wann und wie sie erfahren haben, dass möglicherweise infizierte Personen aus Bayern aus Ischgl ausreisen mussten, per Mail mit:

> *Uns liegen keine Erkenntnisse hierzu vor.* [116]

Das Ministerium für Arbeit, Gesundheit und Soziales des Landes Nordrhein-Westfalen antwortete schriftlich auf dieselbe Frage:

> *Dem MAGS und dem LZG (Landeszentrum Gesundheit Nordrhein-Westfalen - SR) sind solche detaillierten Informationen nicht zugegangen.* [117]

Und die *Sozialbehörde der Freie und Hansestadt Hamburg* schreibt:

> *Der zuständigen Behörde sind keine Dokumentationen von österreichischen Behörden bekannt. Es liegen auch keine Erkenntnisse über eine Unterrichtung seitens der österreichischen Regierung vor. Wir bitten um Verständnis, dass wir aus Kapazitätsgründen von einer Abfrage bei den sieben Hamburger Gesundheitsämtern absehen.* [118]

Die Hamburger Sozialbehörde hat übrigens laut eigenen Angaben selbstständig ein Ischgl-Cluster ermittelt und die betreffenden Personen isoliert. Informationen aus Österreich hätten dabei hilfreich sein können. Doch waren sie nicht greifbar.

Meine nächste Nachfrage richtet sich an das deutsche Robert Koch-Institut, das ist der deutsche EWRS-Kontaktpunkt, der die Daten bekommen haben müsste. In einer ersten Antwort behauptet das Institut, dass es diesbezüglich keine Daten habe.

Nach einer erneuten Frage erhalte ich die schwammige Auskunft:

---

115 Mail vom Referat Presse, Internet, Soziale Netzwerke des deutschen Gesundheitsministeriums vom 2.9.2020.

116 Mail der Pressestelle des bayerischen Staatsministeriums vom 10.9.2020.

117 Mail des Ministeriums für Arbeit, Gesundheit und Soziales (MAGS) vom 9.9.2020

118 Mail der Sozialbehörde der Freie und Hansestadt Hamburg vom 4.9.2020

Das RKI hat sogenannte ‹Ausreiseblätter› aus Ischgl/Österreich erhalten, die es zur weiteren Verwendung über die Landesgesundheitsbehörden an die lokalen Gesundheitsämter weitergeleitet hat. Die Dokumente gingen über EWRS ein. Zur Vollständigkeit der Ausreiseblätter können wir nichts sagen. [119]

Irgendwelche Informationen aus Ischgl/Österreich (und was ist mit St. Anton?) kommen also über das EWRS irgendwann im März an, erläutert das deutsche Wissenschaftsinstitut nun schon leicht genervt. Genauer könne man es wirklich nicht sagen, antworten sie auf eine dritte und letzte Nachfrage per Mail.

Wenn also die deutschen Behörden vor Ort die wesentlichen Informationen über Infizierte aus Ischgl überhaupt erreicht haben, dann kommen sie jedenfalls zu spät dort an, damit diese die Ischgl-Infektionsketten noch wirksam unterbrechen konnten. Zur Aussagekraft der Daten, die mit diesen Formularen abgefragt wurden, sei angemerkt, dass sie lediglich die üblichen Gästeinformationen enthalten haben, über die die Hotels und Pensionen vor Ort sowieso verfügen. Die ganze Prozedur erscheint daher mehr ein sinnloser bürokratischer Akt zu sein denn eine sinnvolle Vorkehrung, um die Verbreitung des Virus zu hemmen. Auf dem Papier hat man jedenfalls seine Pflicht getan.

---

119 Mail des RKI vom 15.10.2020.

12. Wer verantwortet die misslungene Quarantäne?

Die Konsequenzen aus dem Tiroler «Ausreisemanagement» lassen sich an einer Studie des Kieler Instituts für Weltwirtschaft ablesen. Darin haben die Forschenden die Ausbreitung des Corona-Virus in Deutschland untersucht. In der Veröffentlichung «Après-ski: The Spread of Coronavirus from Ischgl through Germany» kommen sie zu folgendem Resultat:

> *Die geografische Nähe zu Ischgl in Tirol ist offenbar in der aktuellen Corona-Pandemie einer der Hauptrisikofaktoren für eine vergleichsweise hohe Infektionsrate in der Bevölkerung in Deutschland. Landkreise, die näher an der sogenannten Superspreader-Location Ischgl liegen, haben systematisch höhere Infektionsraten als weiter entfernte. Von anderen Corona-Hotspots geht kein vergleichbarer Einfluss auf das Infektionsgeschehen in Deutschland aus.* [120]

Aber auch die österreichischen Urlaubenden bleiben nicht verschont. In Österreich enthält der so genannte ‹Cluster S› die größten Häufungen von Infektionen mit dem Virus. Die AGES stellt dazu fest:

> *Ein COVID-19-Fall ist Teil von Cluster S, sofern sich dieser nach dem 31.01.2020 während seiner Inkubationszeit in der Region Paznaun aufgehalten hat oder sich bei einer dieser Personen angesteckt hat. Mit Stand 21.04.2020 gab es im Cluster S insgesamt 825 COVID-19-Fälle in allen Bundesländern Österreichs. In Summe konnten bisher 2.018 Fälle des COVID-19-Ausbruchs in Österreich epidemiologisch abgeklärt werden, das heisst, sie konnten einer Infektions-Quelle und Transmissionskette zugeordnet werden.* [121]

---

120 So fatal war Ischgls „Ground Zero"-Effekt für Deutschland, *Die WELT*, 27.5.2020, https://www.welt.de/wirtschaft/plus208436325/Superspreader-Location-So-fatal-war-der-Ischgl-Effekt-fuer-Deutschland.html (abgerufen am 27.9.2020). Siehe auch die Originalstudie in Englisch: Après-ski: The Spread of Coronavirus from Ischgl through Germany, CEPR Press - COVID ECONOMICS, Issue 22, p. 177ff https://www.ifw-kiel.de/de/experten/ifw/gabriel-felbermayr/apres-ski-the-spread-of-coronavirus-from-ischgl-through-germany-12267/ (abgerufen am 27.9.2020)

121 AGES zur epidemiologischen Abklärung des Cluster S, https://www.ages.at/service/service-presse/pressemeldungen/ages-zur-epidemiologischen-abklaerung-des-cluster-s/ (abgerufen am 27.9.2020)

Daher stellt sich umso eindringlicher die Frage, wer für diese unkontrollierte Verteilung des Virus aus Ischgl nach Österreich und Europa verantwortlich ist?

Ausgangspunkt meiner weiteren Nachforschungen ist eine Bemerkung des Tiroler Wirtschaftskammerchefs Christoph Walser (ÖVP). In einem Interview mit der Tiroler Tageszeitung sieht er die Verantwortung für die chaotische Ausreisesituation in Wien, und zwar beim Gesundheitsministerium. Wörtlich meint er im Mai 2020 in einem Zeitungsinterview:

> *Die kritisierte Abreise der Gäste aus Ischgl ist vom Gesundheitsministerium beauftragt worden. Da kann Gesundheitslandesrat Bernhard Tilg überhaupt nichts dafür.* [122]

Auf Nachfrage weist das österreichische *Gesundheitsministerium* diese Darstellung allerdings zurück. Es war

> *nicht in die Abreiseorganisation der TouristInnen aus Ischgl involviert, es gab keine ‹Beauftragung› der Abreise oder eine Weisung diesbezüglich seitens des Gesundheitsministeriums an die Landessanitätsdirektion Tirol.*

Und das Innenministerium wiederum beantwortet die Frage nach einer Beauftragung der Quarantäne-Maßnahmen lapidar:

> *Das fällt in die Zuständigkeit des des Bundesministeriums für Soziales, Gesundheit, Pflege und Konsumentenschutz (BMSGPK).* [123]

So etwas passiert bei kritischer Nachfrage bei Behörden in Österreich nicht selten. Statt substanziell zu antworten, schicken die Pressestellen der Behörden die Fragenden im Kreis. Eine eindeutige Antwort auf die Frage nach der Verantwortlichkeit ergibt sich aber aus den verfassungsmäßigen Zuständigkeiten.

Denn die Organisation der Quarantäne gehört in Österreich zur mittelbaren Bundesverwaltung. Diese besagt: Letztlich verantwortlich ist im-

---

122 „Wir brauchen keine Kurskorrektur", *Tiroler Tageszeitung,* 18. Mai 2020. https://www.tt.com/artikel/16959777/tirols-wk-praesident-walser-wir-brauchen-keine-kurskorrektur (abgerufen 26.9.2020)

123 Mail der Pressestelle des BMSGPK an den Verfasser vom 18. Mai 2020

mer das höchste Verwaltungsorgan, das sich zur konkreten Erfüllung seiner Aufgaben anderer Verwaltungsorgane bedienen kann, die somit mit-verantwortlich werden.

Im vorliegenden Fall ist der Landeshauptmann von Tirol der Dreh- und Angelpunkt. Er bedient sich zur Erledigung seiner Entscheidungen des Amtes der Tiroler Landesregierung und der zuständigen untergeordneten Bezirksbehörden. Das ist im Ischgler Fall die Bezirkshauptmannschaft (entspricht einer Bezirksregierung) in Landeck.

Der Landeshauptmann wiederum ist an Weisungen des jeweils zuständigen Bundesministers gebunden.

Nur hat es, wie das österreichische Bundesministerium für Gesundheit in einer parlamentarischen Anfragebeantwortung ausdrücklich betont, im Fall Ischgl keine Weisungen erteilt.

> *Für die konkrete Umsetzung der Maßnahmen gegen die Ausbreitung der Pandemie, inklusive Testungen und Kontaktpersonenmanagement, sind die regionalen Gesundheitsbehörden zuständig. Darüber hinaus sind zwischen 26.1. und 16.3. keine spezifischen Erlässe und Weisungen zu Tirol ergangen.* [124]

Dass in Österreich ein Minister oder eine Ministerin im Rahmen dieser mittelbaren Bundesverwaltung einer Landesregierung Weisungen erteilt, ist in der Verwaltungspraxis des Landes tatsächlich unüblich. Dieser Umstand trägt laut Verfassungsrechtslehrbuch

> *(...) mit dazu bei, dass dem jeweiligen Landeshauptmann ein beträchtlicher Einfluss auf die tatsächliche Führung der Angelegenheiten der mittelbaren BV (= Bundesverwaltung - SR) zukommt.* [125]

Ohne Weisung des zuständigen Ministeriums hat nach Anweisung des Landeshauptmanns das Amt der Tiroler Landesregierung eine Quarantäne zu organisieren und mithilfe der Bezirksbehörden durchzuführen.

Die direkte Verantwortung für deren Tun liegt in mittelbarer Bundesverwaltung aber bei Landeshauptmann Günther Platter (ÖVP). Der

---

124 Anfragebeantwortung (2548/AB) durch den Bundesminister für Soziales, Gesundheit, Pflege und Konsumentenschutz Rudolf Anschober, 19.8.2020, S. 9

125 Berka, Walter 2012: Verfassungsrecht. Grundzüge des österreichischen Verfassungsrechts für das juristische Studium, Wien, Rz 725

wiederum betrachtet sich laut eigener Aussagen vor der Expertenkommission im Fall der Quarantäne Ischgl und St. Anton als «nicht eingebunden».

Kann er sich auf diese Weise aus der Verantwortung stehlen?

Schauen wir uns ein Beispiel an, das Folgen hatte: das Sicherheitspersonal am Innsbrucker Flughafen. Auch dort setzt sich nämlich eine Ischgler Infektionskette fort, an einem Ort in Tirol allerdings, der bislang nicht im Rampenlicht der Öffentlichkeit stand. An dem Beispiel lassen sich die Konsequenzen der Quarantäne-Pressekonferenz des Kanzlers gut ablesen. Aber auch die Tiroler Landesregierung trägt in diesem Fall eine besondere Verantwortung, da sie Miteigentümerin des Flughafens ist.

13. Flughafen INN: »Wir betteln jeden Tag um Schutzmasken«

Blicken wir in der Chronologie der Ereignisse einige Tage zurück: Am Dienstag, 10. März 2020, stehen auf dem Parkplatz des Innsbrucker Flughafens, der den internationalen Code INN trägt, ungewöhnlich viele Reisebusse mit italienischen Kennzeichen. Sie haben Tourist*innen aus Südtirol zum Flughafen der Tiroler Bundeshauptstadt transportiert. Tags zuvor hat die italienische Regierung verkündet, dass in Südtirol alle Schigebiete am Morgen dieses Tages zusperren würden. Die Spaliere vor den Sicherheitskontrollen am Flughafen sind ein Nadelöhr. Es müssen alle passieren, die mit dem Flugzeug reisen wollen. Eine Security-Mitarbeiterin, die die Sicherheitskontrollen durchführt, erinnert sich:

> *Wir haben zigtausende Passagiere abfertigen müssen, angefangen beim Visitieren (hautnah) Taschenkontrolle usw.. Die Sicherheitsmaßnahmen waren lediglich: Desinfektionsmittel und Handschuhe. Wir haben in ständiger Angst unsere Gesundheit aufs Spiel gesetzt.* [126]

Wenige Tage später, am Wochenende vom Freitag, 13. März bis Sonntag, 15. März bietet sich am Flughafen eine ähnliche Szenerie. Nur stehen diesmal Reisebusse aus Tirol dort. Tausende Urlaubende und Saisonmitarbeiter*innen verlassen fluchtartig ihre Quartiere in Ischgl und St. Anton und schlagen sich irgendwie zum Flughafen durch. Sie werden weder untersucht noch getestet. Einige von ihnen stranden noch an diesem Freitag, andere am Samstag oder Sonntag in Innsbruck am Flughafen.

Nicht wenige von ihnen sind mit COVID-19 infiziert. Die Passagiere sollten eigentlich Masken tragen und geordnet zur Abfertigung gebracht werden, so heißt in einer Vorabinformation an das Sicherheitspersonal. Zwar gibt es tatsächlich Personen, die mit Masken kommen.

---

126 Aus den Interviews mit den Beschäftigten, vgl: Am Flughafen Innsbruck: Wir haben in ständiger Angst unsere Gesundheit aufs Spiel gesetzt, *Semiosis*, 10.4.2020, https://www.semiosis.at/2020/04/10/am-flughafen-innsbruck-wir-haben-in-staendiger-angst-unsere-gesundheit-aufs-spiel-gesetzt/ (abgerufen am 14.10.2020) und: Von Ischgl nach Innsbruck: Ein Ausreisemanagement ohne Management, *Semiosis*, 28.6.2020, https://www.semiosis.at/2020/06/28/von-ischgl-nach-innsbruck-ein-ausreisemanagement-ohne-management/ (abgerufen am 14.10.2020)

Doch nicht wenige warten ohne Schutz. Der Grund dafür muss nicht Unachtsamkeit sein.

Viele haben einfach keine Masken erhalten, [127]

berichten die Sicherheitsleute. Eine geordnete Sonder-Abfertigung der Ischgler Urlaubsgäste in separaten Reihen hat an diesem Wochenende am Innsbrucker Flughafen niemand vorgesehen.

Für das Sicherheitspersonal gibt es keine besonderen Schutzmaßnahmen. Sie tragen Handschuhe, wie üblich. Und sie benutzen Desinfektionsmittel für sich und für große Flächen. Bei Visitationen – so nennt man das Abtasten der Passagiere – kommt es zwangsläufig zu körperlicher Nähe. Mitarbeiterinnen und Mitarbeiter berichten von hustenden Passagieren. Das Infektionsrisiko ist hoch.

Auch Tage später ist der Innsbrucker Flughafen noch in Betrieb. Zu dieser Zeit werden sogenannte ‹Sondermaschinen› abgefertigt. Das sind Flüge außerhalb des regulären Flugplans, wie es sie in Europa zu dieser Zeit häufiger gibt. An Bord: Personen, die aufgrund der Corona-Situation nach Hause fliegen müssen. Möglicherweise selbst infiziert. Aber auch reguläre Flüge starten noch am Flughafen Innsbruck. Zum Beispiel eine Maschine der russischen Fluggesellschaft S7, Code S7 3720, Ziel: Moskau. Für das Personal am Flughafen ist derzeit in Sachen Schutz immer noch nichts passiert. Sie erzählen:

Wir betteln jeden Tag um Schutzmasken, [128]

Statt Masken bekommen sie die Auskunft, dass ihnen das Tragen von Masken eigentlich untersagt sei. Es sei nämlich ein, so wörtlich, «falscher Schutz», heißt es nun von Seiten der Geschäftsführung ihres Arbeitgebers, der Securitas Sicherheitsdienstleistungen GmbH.

 Ich habe die Firma nach dem Sicherheitsstandard am Flughafen gefragt. Ihre Antwort:

> *Es gibt mit dem Flughafen abgestimmte ‹Verhaltensregeln Hygienemaßnahmen COVID 19›. Hier wird die Meldepflicht COVID 19 und weitere Maßnahmen wie Verringerung Personaleinsatz, Abstand einhalten, Hygienemaßnahmen wie Benutzen*

---

127 Ebenda

128 Ebenda

von Desinfektionsmitteln (Hände- und Flächendesinfektion) etc. den SECURITAS MA angewiesen. Tragen von Handschuhen und Schutzmasken beim Kontrollvorgang. Dazu die Vorgabe, den gesetzlich vorgeschriebenen Körperkontakt bei einer evtl. erforderlichen händischen Visitierung von Passagieren zeitlich möglichst kurz zu halten. [129]

Wann wurden die Firma Securitas von den zuständigen Behörden darüber in Kenntnis gesetzt, dass über den Innsbrucker Flughafen möglicherweise mit Corona infizierte Passagiere abfliegen?, frage ich außerdem.

Als beauftragtes Unternehmen wird die Firma SECURITAS durch die TFG [Tiroler Flughafenbetriebsgesellschaft] informiert. Der genaue Tag ist für uns nicht mehr nachvollziehbar. [130]

Die Tiroler Flughafengesellschaft TFG verweist mich in ihrem Antwortmail wiederum an Securitas. Das Tiroler Ringelspiel der Verantwortlichkeiten läuft wirklich rund. Der Prokurist der Tiroler Flughafenbetriebsgesellschaft Patrick Dierich schreibt nämlich:

Bzgl. der Sicherheitsvorkehrungen für das Personal bei den Sicherheitskontrollen müssen Sie sich an die Fa. Securitas wenden. Hierzu kann ich Ihnen keine Auskunft geben. [131]

Wann wurden besondere Sicherheitsmaßnahmen wegen des Corona-Virus für das Sicherheitspersonal am Innsbrucker Flughafen eingeführt, fragen wir also die Firma Securitas.

Unverzüglich, ab Kenntnis der sich in Tirol ausbreitenden Pandemie. [132]

Allerspätestens mit der Quarantäne für die Schigebiete am Freitag, den 13. März 2020 sollte auch am Innsbrucker Flughafen eine solche ‹Kenntnis› einer sich ausbreitenden Pandemie in Tirol vorhanden gewesen sein. Die Realität am Flughafen ist allerdings nachweislich eine

---

129 Mail an den Autor vom 7. April 2020

130 Ebenda

131 Mail an den Autor vom 9.April 2020

132 Mail von Securitas an den Autor vom 7.4.2020

andere. Das verwundert deshalb, da das Land Tirol, das über die Informationen zu COVID-19 aus erster Hand verfügt, Miteigentümer des Innsbrucker Flughafens ist.

 Mehrheitseigentümer der Tiroler Flughafengesellschaft TFG sind die Innsbrucker Kommunalbetriebe IKB, die wiederum mit dem Unterschied von einer Aktie zwischen der Stadt Innsbruck und der Tiroler Wasserkraft AG TIWAG aufgeteilt sind. Das Land Tirol selbst ist zu 24,5 Prozent an der TFG beteiligt. Über den Umweg der Tiroler Wasserkraft (die zu 100 Prozent dem Amt der Tiroler Landesregierung gehört) kann das Land auf die Geschicke des Flughafens durchaus Einfluss nehmen. Zumindest hätte es Informationen über mögliche infizierte Passagiere weiter leiten können. In Wahrheit ist das Sicherheitspersonal am Flughafen (immerhin rund 100 Personen) in diesen Quarantäne-Tagen schlicht übersehen worden.

Ein weiteres Beispiel: Am Abend des 13. März irren drei Busse durch Tirol. An Bord haben sie Urlaubende aus Ischgl, die nichts wie weg wollen. Nach Darstellung der Behörden sei ihre Ausreise ‹geordnet und sicher› erfolgt.

In einer Beantwortung einer parlamentarischen Anfrage liest sich der Ablauf aus Sicht des Gesundheitsministeriums am 13. März 2020 so:

> *Die Ausreise von in der parlamentarischen Anfrage erwähnten (3) Bussen mit Gästen, in der Zeit zwischen 21:00 und 22:00 Uhr an diesem Tag erfolgte – laut polizeilicher Protokollierung – über Zustimmung der Landeseinsatzleitung. Vorgabe war eine direkte Verbringung zu einem Hotel im Raum Imst und (es) wurden die Personen angehalten, die Hotelzimmer nicht zu verlassen. Dies war deshalb möglich, da die Ausreisenden am nächsten Morgen einen gebuchten Rückflug ab dem Flughafen Innsbruck, welcher ebenfalls unter Einhaltung größter Sicherheitsvorkehrungen erfolgte, hatten und eine Nächtigung in Imst durch die Bezirkshauptmannschaft Imst organisierte wurde.* [133]

---

133 Anfrage der Abgeordneten Mag.a Selma Yildirim, Genossinnen und Genossen an den Bundesminister für Soziales, Gesundheit, Pflege und Konsumentenschutz betreffend *Abreise von Saisonarbeitskräften und Gästen aus den CoronaQuarantänegebieten in Tirol,* 1594/J XXVII. GP https://www.parlament.gv.at/PAKT/VHG/XXVII/J/J_01594/index.shtml (abgerufen am 26.9.2020)

Am Innsbrucker Flughafen wissen die Beschäftigten von all dem nichts. Sie ahnen nur, dass an diesen Tagen etwas nicht stimmt und machen Fotos, um ihre Arbeit in den Tagen der Quarantäne zu dokumentieren. Sie zeigen am 13. und 14. März einen chaotischen Arbeitstag. Größte Sicherheitsvorkehrungen, von denen das Ministerium redet, sind darauf nicht zu erkennen.

Stattdessen sieht man, wie die Menschen dicht gedrängt in Schlangen vor den Schaltern und Kontrollpunkten warten. Niemand hat abgesperrt, die wenigsten Fluggäste tragen Masken. Bodenmarkierungen zum Abstandhalten fehlen. Die Ausreise der Ischlger Gäste, so wie sie auf den Fotos dokumentiert ist, findet definitiv ohne zusätzliche Sicherheitsmaßnahmen statt. Das Personal berichtet:

> *Wir haben zu diesem Zeitpunkt den normalen Arbeitsablauf gehabt. Keine Masken.* [134]

Auf diese Weise wird an diesen beiden Abreisetagen, am 13. und am 14. März auch der Innsbrucker Flughafen zu einem Glied der Ischlger Infektionsketten.

Doch auch als der Flugbetrieb offiziell ruht (ab Montag, den 23. März 2020), heben noch Maschinen von Innsbruck ab. Am Samstag, 28. März 2020, müssen zwei Sondermaschinen nach Großbritannien abgefertigt werden. Recherchen für dieses Buch haben ergeben, dass britische Saisoniers aus Ischgl, aus dem Zillertal und vor allem aus St. Anton an Bord gehen. Zuvor standen sie in diesen Orten zwei Wochen unter Quarantäne.

Die Sicherheitsleute erfahren erst von den Passagier*innen, die sie abfertigen, woher diese überhaupt kommen. Auch zu diesem späten Zeitpunkt verfügen die Beschäftigten über keine offiziellen Informationen über deren Herkunft der Passagiere.

> *Werden bei der Arbeit Masken getragen? Nein.* [135]

---

134 Interviews und Fotos der Beschäftigten finden sich hier: Am Flughafen Innsbruck: Wir haben in ständiger Angst unsere Gesundheit aufs Spiel gesetzt, *Semiosis*, 10.4.2020, https://www.semiosis.at/2020/04/10/am-flughafen-innsbruck-wir-haben-in-staendiger-angst-unsere-gesundheit-aufs-spiel-gesetzt/ (abgerufen am 14.10.2020) und: Von Ischgl nach Innsbruck: Ein Ausreisemanagement ohne Management, *Semiosis*, 28.6.2020, https://www.semiosis.at/2020/06/28/von-ischgl-nach-innsbruck-ein-ausreisemanagement-ohne-management/ (abgerufen am 14.10.2020)

135 Ebenda

Also fragen wir Anfang April 2020 erneut die Geschäftsführung von Securitas: Seit wann sind am Innsbrucker Flughafen Schutzmasken für das Sicherheitspersonal im Einsatz?

> *Es gibt aktuell keine Vorgabe zum verpflichtenden Tragen von Masken für Sicherheitskontroll-Personal auf Flughäfen. Nachdem es aber seitens der Regierung entsprechende Regelungen für z.B. Lebensmittelhandel gibt, lassen sich hier bestimmte Handlungsweisen auch für unseren Bereich am FH ableiten, zumal wir bei der Visitierung von Passagieren den sinnvollen Abstand zwischen Personen unterschreiten. Daher haben wir frühzeitig versucht Masken zu bekommen und diese umgehend nach Verfügbarkeit für unser Personal zum Einsatz gebracht. Ein genaues Datum haben wir nicht aufgezeichnet.[136]*

Zwar sind Masken nun verfügbar, ihr Einsatz ist aber nicht verpflichtend. Wann sie eingetroffen sind, wisse man auch nicht.

Bei der Arbeit tragen die Leute von der Sicherheitsfirma noch immer keine Maske. Obwohl am Flughafen auch jenseits der Sondermaschinen Betrieb ist. Wenn etwa Maschinen der Tyrol Air Ambulance starten und landen, sind bei der Abfertigung Sicherheitskontrollen vorgeschrieben.

Schließlich werden schützende Masken ausgegeben, berichten die Beschäftigten. Es sind Grippemasken, die aus dem Bestand stammen, die die frühere Gesundheitsministerin Maria Rauch-Kallat (ÖVP) im Jahr 2006 angeschafft hat. Auf der Masken-Verpackung ist ihr Ablaufdatum ablesbar.

Es lautet: 08/2011.

Besser als nichts.

Insgesamt ist der Umgang mit den Mitarbeiter*innen des Sicherheitspersonals zumindest fahrlässig. Der direkte Arbeitgeber hat eine Fürsorgepflicht und das Land Tirol, das am Flughafen mitbeteiligt ist, sollte täglich informieren, wenn möglicherweise Infizierte abzufertigen sind. Kein Wunder, dass sich einige der Beschäftigten bei der Arbeit infiziert haben. So war ein Sicherheitsmann mit COVID-19 zur Behandlung im Spital. Das sei ein Einzelfall, kommentiert die Geschäftsführung

---

136   Mail von Securitas vom 8.4.2020.

von Securitas in einer Mail an mich. Insgesamt sei die Zahl der Infizierten Mitarbeiter*innen eh nicht so hoch gewesen.

Was sie dabei nicht erwähnen: Dieser eine Betroffene hat eine nahe Verwandte angesteckt, die in den kommenden Wochen auf der Intensivstation der Innsbrucker Kliniken mit dem Tode ringt. Die Ärzte hatten sie eigentlich schon aufgegeben. Auch nach ihrer Entlassung aus dem Spital kann sie auf absehbarer Zeit nur noch mit Sauerstoffmaske leben.

Und was sie ebenso verschweigen: Die Belegschaft berichtet von einer auffallend hohen Zahl an ungeklärten Krankenständen im März 2020.

Tiroler Verhältnisse

Der Bericht der Tiroler Expertenkommission, der auf den protokollierten Auskünften von 53 Personen und einer selektiven Akteneinsicht beruht, kommt zu dem Ergebnis, dass es auf Seiten der Behörden in Österreich eine Reihe von ‹Fehleinschätzungen› und ‹Fehlplanungen› gegeben habe. Da es im Land Tirol keinen Pandemieplan gibt, improvisieren die zuständigen Ämter und Behörden. Dabei passieren natürlich Fehler, aber es lasse sich keinerlei böswillige Absicht erkennen, so das Resümee des Berichts.

Das entspricht nicht ganz den Erkenntnissen meiner Recherche. Verbreitet herrscht in Tirol kein Wille zur Aufklärung vor, stattdessen höre ich immer wieder Ausreden und bin mit Tricksereien konfrontiert. In Tirol müssen viele Menschen fleißig daran arbeiten. Fassaden aufzubauen und aufrecht zu halten: Alles gehe seinen geordneten und rechtmäßigen Gang, was jeder und jede daran erkennen kann, dass der Tiroler Weg erfolgreich sei. Davon würden alle profitieren, so die Erzählung dazu. Entlang dieses Wegs stehen dann die typischen Tiroler Häuser, auf deren Fassaden folkloristische Motive aufgemalt sind. Wir können die dunklen Tiroler Holzbalkone mit den fröhlich blühenden Blumen erkennen. Die Menschen tragen Trachten, die Männer Lederhosen und an den Füßen weiße Stutzen, die Frauen tanzen fröhlich im Dirndl. Alle sind guter Dinge. In Tirol ist man im Gespräch bald per Du. Eine scheinbare Idylle, errichtet für die vielen Gäste, an die die Einheimischen allerdings auch gerne glauben wollen. Tirol hält also zusammen.

Diese Fassade bröckelt gerade. Was man dahinter erkennen kann, ist weder freundlich noch offenherzig und auch nicht gastfreundlich.

Denn Kritik und eine aufrichtige Diskussion, in der man seine Meinung ohne Angst vor wirtschaftlichen und sozialen Konsequenzen äußern kann, ist im offiziellen Tirol verpönt und gefährlich. Wer die Wahrheit sagen möchte, lässt dies oft sein, aus Angst.

*Dann gelte ich als Nestbeschmutzer, auch bei meinen Ver-
wandten. Und habe Schwierigkeiten in Tirol wieder einen Job
zu bekommen*[137],

erläutert etwa ein Saisonmitarbeiter aus Ischgl gegenüber der ZDF-Korrespondentin.

Sie hat erlebt, wie die Tiroler Landesregierung auf kritische Fragen, die ‹von Außen› kommen, reagiert. Das Beispiel ging nur deshalb um die Welt, weil die ZDF-Korrespondentin Britta Hilpert darüber berichtet hat, wie ihr bei einer Pressekonferenz der Landesregierung verweigert wurde, überhaupt Fragen den den Herrn Landeshauptmann zu stellen. Denn fragen, das dürften in Tirol nur die Tiroler Medien, also die Tiroler Tageszeitung, der ORF, der Kurier und die Nachrichtenagentur APA. Der Grund: Es gebe technische Herausforderungen.

«Bzgl. der Zuschaltungen zu den Pressekonferenzen dürfen wir um Verständnis bitten, dass aufgrund der technischen Heraus-forderungen nur eine bestimmte Zahl an Schaltungen möglich sind. Deshalb werden diese Schaltungen ausschließlich Tiroler Medien angeboten.» [138]

So redet sich die Landesregierung heraus und sie kommt mit sowas in Tirol auch durch. Als die couragierte Journalistin dieses amtliche Frageverbot öffentlich macht, lässt sich die Tiroler Landesregierung einen neuerlichen Winkelzug einfallen. Nun ist es zwar möglich, der Nachrichtenagentur APA vorab Fragen zu senden, die der Kollege oder die Kollegin vorträgt. Aber ist damit das Problem, dass die Fragen auch beantwortet werden, gelöst?

Da ich zu dieser Zeit über die Konsequenzen des Tiroler Behördenversagens in Ischgl recherchiere, versuche ich, diese Möglichkeit zu nutzen. Vor einer Pressekonferenz des Landesregierung sende ich am 30. März 2020 in der Früh ein E-Mail an das Tiroler Büro der APA.

---

137 Keiner der Mitarbeiter der Gastronomie, mit denen wir sprachen, war bereit, seine Aussagen mit Gesicht und Namen zu verbinden. Beispielhaft für alle sei dieser zitiert: «Dann gelte ich als Nestbeschmutzer, auch bei meinen Verwandten. Und habe Schwierigkeiten in Tirol wieder einen Job zu bekommen.» aus: Presse in Zeiten von Corona - Eine Krise des Vertrauens?, *ZDFheute*, 28.3.2020, https://www.zdf.de/nachrichten/politik/coronavirus-tirol-pressefreiheit-100.html (abgerufen am 29.10.2020)

138 Presse in Zeiten von Corona - Eine Krise des Vertrauens?, *ZDFheute*, 28.3.2020, https://www.zdf.de/nachrichten/politik/coronavirus-tirol-pressefreiheit-100.html (abgerufen am 29.10.2020)

Wenig überraschend hat dann niemand diese Fragen an den Landeshauptmann vorgetragen. Ungestellte Fragen ohne Antwort motivieren mich, weiterzumachen. Denn so reagieren nur diejenigen, die etwas zu verbergen haben. Und ich bin kein Tiroler.

---

139 Wortlaut meiner Mail an die Tiroler APA. Die darin erwähnte Studie findet sich hier: So bahnte sich das Virus seinen Weg von Ischgl nach Deutschland, *Die Welt*, 29.3.2020, https://www.welt.de/wirtschaft/article206879663/Corona-Pandemie-So-hat-Ischgl-das-Virus-in-die-Welt-getragen.html (abgerufen am 29.10.2020)

14. Ischgl hält zusammen

Mitte Mai 2020. Was mich bei meinem frühsommerlichen Weg durch Ischgl überrascht, ist, wie klein der Ort eigentlich ist. Er schmiegt sich eng an den Berg. Architektonisch wirkt das Ensemble irgendwie zusammengestoppelt. Zweckbauten aus den 1970er Jahren liegen in unmittelbarer Nachbarschaft zu Hotels mit historisierten Tiroler Fassaden, die wiederum am Fuße der hypermodernen Seilbahnstation mit Glasfassade auf die Gäste warten. Das Ortsbild kommt dadurch zustande, dass in Ischgl jedes Jahr investiert wird. ‹Investieren, investieren – und nicht sparen›, das ist das Motto im Ort. Und wenn die Nachbarin oder der Nachbar anbaut oder renoviert, dann muss man nachziehen. Nur: Jede dieser Investitionen ist im Grunde genommen eine Wette auf eine gute, planbare Zukunft. Gibt es die in Zeiten von Corona?

Wenige Tage nach Ende der Quarantäne hat die einflussreiche Familie von der Thannen ihre Après-Ski-Bar namens Trofana Alm abreißen lassen. Sie will nun an gleicher Stelle etwas Qualitätvolleres hochziehen.

«Irgendwie andersch» soll es werden, meint Johann von der Thannen während unseres Rundgangs über die Baustelle. Die Trofana Arena hingegen ist Geschichte. Wo vor einigen Wochen noch Frauen auf Tischen im Keller tanzten, werden in Zukunft Bademäntel und Handtücher für das 5 Sterne Superior-Hotel Trofana Royal gelagert werden.

Im Ort wird der Skihang erweitert. Daher fahren Lastwagen im Minutentakt mit Erdhaufen am Lader herum. An der Straße vor dem geschlossenen Kitzloch sind Wassersprinkler aufgestellt. Sie reinigen die LKW-Reifen beim Durchfahren. Damit die Straßen nicht so stark verdrecken und damit es nicht staubt.

Auf der anderen Seite des Tals befindet sich eine weitere Großbaustelle. Hier entsteht die Silvretta-Therme. Das wird die nächste Touristenattraktion im Tal. Bauherr: die mächtige Silvrettaseilbahn AG. Sie gibt den Takt im Ort vor. Ihre Gewinne, rund 18 Millionen in der vergangenen Saison, sind seit ihrem Bestehen noch nie in Form von Dividenden ausgeschüttet worden. Auch nicht an die vielen Mini-Aktionäre aus dem Ort. Gewinne werden in Ischgl eben investiert.

Die Leute von Ischgl sehen sich ungerecht behandelt und in ein Eck gedrängt. Das ist zumindest nachvollziehbar. Denn das Virus ist dort nicht zuerst ausgebrochen. Die räumliche Enge, die Form des Event-Tourismus, das Verleugnen der Wahrheit und die überstürzte Abreise am 13. März haben seine Verteilung im Ort halt beschleunigt.

«Wir waren in der Quarantäne-Zeit eigentlich ganz entspannt,» berichtet der Kitzloch-Wirt Bernhard Zangerl. Er ist derzeit das sympathischste Gesicht des Ortes nach Außen. Unaufgeregt und freundlich erzählt er, wie das alles aus seiner Sicht war: dass sie nach den Vorgaben der Behörden gehandelt hätten und dass ihnen die Tragweite des Virus früh klar wurde. Spätestens seitdem sie wussten, dass praktisch zwei komplette Kitzloch-Crews infiziert sind. Er selber übrigens auch und praktisch seine gesamte Familie.

Gäste sind im Mai 2020 keine im Ort. Wenn wer Fremdes vorbei kommt, dann ist es in der Regel ein Journalist oder eine Journalistin. Bernhard Zangerl kann sich gar nicht mehr an alle Interviews erinnern, die er mittlerweile gegeben hat. Nur vor dem Gespräch mit Armin Wolf in der Zeit im Bild 2 hat er sich coachen lassen, gibt er zu. Klar war er vorher nervös.

Woanders im Ort spüre ich Ablehnung und höre Schweigen, wenn ich etwas zu Corona frage.

In dem Tiroler Winterschiort und im Paznauntal urlauben zum Höhepunkt der Wintersaison im Februar/März bis zu 20.000 Tourist*innen pro Woche. Sie übernachten in Hotels, essen in Restaurants und Gasthäusern, trinken, lachen und feiern in Bars und Beisln. Die knapp 1.600 Einwohner*innen leben von den Gästen, die dort in ihren Ferien etwas erleben wollen. Jedes Jahr wird etwas Neues gebaut oder erfunden. Der Ort hat seit 1952 einen Schilift und seit 1963 eine Seilbahn, die gewissermaßen der Motor dieser enormen Tourismusmaschine ist. Ohne Seilbahnen – mittlerweile gibt es mehr als eine und sie sind technisch das Modernste vom Modernen – kämen die Tourist*innen nicht rasch auf den Berg. Und am Fuße derselben warten auf dem Rückweg bereits die Après-Ski-Bars darauf, dass die durstigen Gäste das eine oder andere Getränk zu sich nehmen, und dass sie dort essen und dann feiern.

Eine sehr kleine Gruppe der Einwohner*innen verdient außerordentlich gut mit den Gästen. So sind über die Jahre hinweg hunderte Millionen Euro auf ihre Bankkonten geflossen. Das ist jedoch die Minderheit. Die Lebensumstände der Mehrheit der Einwohner*innen sind aber keineswegs als ärmlich zu bezeichnen. Wegen der Gäste. Der sichtbare Wohlstand im Ort gründet sich auf den Tourismus. Wirklich reich ist diese Mehrheit allerdings nicht. Um mit dem Ischgler Modernisierungsdruck des ‹Schneller, Weiter, Höher› mithalten zu können, muss sie sich über Bankkredite verschulden, um die laufenden Investitionen zu finanzieren. Handwerksbetriebe und lokale Unternehmen sind ebenso direkt davon abhängig, dass das Tourismus-Karussell rund läuft. Von ihm erhalten sie ihre Aufträge.

Die Investitionen in den Tourismus sind also eine Wette auf die Zukunft: Kommen jedes Jahr mehr Leute, dann können die Kredite zurückgezahlt werden und der Wohlstand mehrt sich. Falls nicht, geraten viele blitzschnell in eine existenzbedrohende Krise.

Somit sitzen alle in einem Boot — oder besser in einer Schi-Gondel — und wirken nolens, volens daran mit, dass jedes Jahr immer mehr Gäste immer mehr Geld im Ort lassen. Was besonders im Winter gilt. Daher muss eine Wintersaison so lange wie möglich dauern. Die Schipisten sind aus diesem Grund weitläufig mit Beschneiungsanlagen gesäumt, so dass die Natur am Berg der Kalkulation keinen Strich durch die Rechnung machen kann.

So wie jedes Jahr sollte auch die Wintersaison 2019/2020 ablaufen. Am 30. November 2019 wurde sie mit einem «Top of the Mountain Opening-Konzert» der Berlin Reggae-Band Seeed eröffnet. Jedes Jahr finden in Ischgl im Laufe der Saison große Pop-Konzerte statt. Wer mit der Rolltreppe unter dem Ort durchfährt, kann an den Wänden des orange gefärbten Tunnels die Konzertplakate der vergangenen Jahrzehnte bewundern. Ischgl ist ‹in›. Bis in den Februar 2020 hinein hat der Ort auch viel getan, dass das so bleibt.

Doch dann … kam Corona.

In Ischgl hält man seitdem zusammen und schweigt. Das bedeutet natürlich nicht, dass die Menschen bestens miteinander befreundet sind. Weil jede und jeder in irgendeiner Weise am Tourismus mit dran hängt, halten sie notgedrungen zusammen. Da Nachrichten über Corona im Ort die Winter-Saison für alle gefährden würden, wurden sie sowohl von den Offiziellen im Ort als auch von der Bevölkerung verschwiegen.

So ist Ischgl immerhin zum am besten durchseuchten Ort der Welt geworden. Ende April 2020 untersucht ein Forscherteam der Medizinischen Universität Innsbruck 1473 Bewohner aus 479 Haushalten auf eine COVID-19-Infektion. Das entspricht 79 Prozent der Bevölkerung.

Das Ergebnis: 42,4 Prozent der Einwohner von Ischgl haben Antikörper gegen das Coronavirus im Blut. An keinem anderen Ort der Welt wurde bislang ein so hoher Anteil von Menschen mit Antikörpern gegen COVID-19 im Blut gefunden – selbst in Wuhan nicht, erläutert die Virologin Dorothee von Laer von der MedUni Innsbruck. Das bedeutet allerdings auch, dass sich in Ischgl weit mehr Menschen infiziert haben, als dies den offiziellen Zahlen zufolge bekannt ist. [140]

Wenn es in Ischgl wenigstens nachvollziehbare wirtschaftliche Gründe gibt, noch Anfang März 2020 über Infektionen zu schweigen, so ist diese Zögerlichkeit in Wien im Gesundheitsministerium verwunderlich. Dort reagiert man am 3. März 2020 auf die ersten Informationen aus Island gar nicht. Man fragt erst dann nach, als Ischgl explizit als Quelle der Infektionen genannt wird, am 4. März 2020.

 Ab 10. März ist eine Unruhe im Ministerium wegen Tirol erkennbar. In einer Mail an die Tiroler Landessanitätsdirektion von diesem Tag findet sich eine spannende Bemerkung. Bernhard Benka, der am österreichischen EWRS-Kontaktpunkt sitzt, schreibt an Franz Katzgraber und Anita Luckner-Hornischer von der Tiroler Landessanitätsdirektion:

Die Schiorte werden schon langsam zu Hotspots. Lg B [141]

Zu diesem Zeitpunkt, am 10. März 2020, ist Ischgl in Wahrheit längst so ein ‹Hotspot›. Einen Tag später schreibt derselbe Benka per Mail weitaus dringlicher an Anita Luckner-Hornischer:

---

140 Ischgl: Antikörper-Test enthüllt Ausmaß der Infektionen, *Wissenschaft.de*, 26.6.2020, https://www.wissenschaft.de/gesundheit-medizin/ischgl-antikoerper-test-enthuellt-ausmass-der-infektionen/ (abgerufen am 29.10.2020)

141 Akt ON154, S. 610

Spät aber doch reagieren die Behörden in den folgenden Tagen. Noch
eine Stunde vor der Pressekonferenz von Kanzler Kurz am 13. März arbeitet die zuständige Bezirkshauptmannschaft Landeck an der vierten
Fassung einer eigenen Verordnung, mit der das Tal (ihrer Meinung
nach) über das folgende Wochenende geordnet ‹leergefahren› werden
soll.

Das ist deutlich zu spät. Nach Bekanntwerden der Infektionen im Kitzloch hätte die Bezirkshauptmannschaft Landeck die Wintersaison in
Ischgl per Verordnung beendet müssen, meint der Untersuchungsbe-
richt der Tiroler Expertenkommission. [143]

Aber in Tirol wirken Personen, die die Situation wissentlich oder unwissentlich falsch einschätzen. Die Testergebnisse aus Ischgl in der Woche vom 7. bis 13. März 2020 zeigen unmissverständlich an, dass sich
COVID-19 dort ungehindert verbreitete. Sie ergeben 60 Positive bei
104 Getesteten.

Auch die Zuständigen in der Tiroler Landesregierung – von Gesundheitslandesrat Bernhard Tilg bis zu Sanitätsdirektor Franz Katzgraber
sind offenkundig sowohl fachlich als auch organisatorisch mit der Situation überfordert. Von der Behauptung einer Ansteckung der isländischen Gäste im Flugzeug bis hin zur Aussage, COVID-19 verbreite sich
nicht bei Gästen in Après-Ski-Bars, liefern sie jedenfalls in Serie bemerkenswerte fachliche Fehleinschätzungen ab, die bereits zum Zeitpunkt
ihrer Veröffentlichung nicht Stand der Wissenschaft sind.

Auffällig ist ferner, dass in den Diskussionen im Krisenstab (und im
fachlichen Austausch) sich der eigentlich zuständige Gesundheitslandesrat Bernhard Tilg kaum zu Wort meldet. So ist im Protokoll der
Stabssitzung der Landes-Einsatzleitung – bei 21 Nennungen – keine

---

142 Ebenda.

143 Bericht Expertenkommission, S. 129: «Es wäre daher sofort das Beenden des Skibe-
triebes in Form der Untersagung der Benützung der erforderlichen Beförderungsmit-
tel, das Verbot des Betretens von Gastgewerbebetrieben, die rein der Unterhaltung
dienende Aktivitäten darbieten (somit auch der übrigen Après-Ski-Lokale), sowie das
Untersagen von Menschenansammlungen zu verordnen gewesen.»

einzige Wortmeldung von ihm zum Thema Ischgl oder Paznauntal vermerkt worden. [144]

Wie wir heute wissen, hat der Gesundheitslandesrat seine Zuständigkeit für den Vollzug des Epidemiegesetzes zwischenzeitlich an den Landesamtsdirektor abgetreten. Diese Übertragung von Verantwortlichkeiten wäre nur durch Verordnung rechtsgültig möglich. Eine diesbezügliche Verordnung existiert aber nicht. Tiroler Verhältnisse eben. Die Erklärung für sein Schweigen im Krisenstab (Zuständigkeit übertragen), die der Expertenkommission serviert wurde, ist wenig glaubwürdig. [145]

Etwas wird verschleiert.

Der Arm der Tiroler Seilbahn-Verantwortlichen reicht wohl nicht ins Gesundheitsministerium nach Wien, aber er reichte definitiv in den Tiroler Krisenstab. Bislang kaum aufgeklärt ist die Tatsache, dass einer der Krisenstabsberater, der Unfallchirurg Alois Schranz, zugleich Vizepräsident der einflussreichen Tiroler Adlerrunde ist und somit mit den wirtschaftlich Mächtigen in Ischgl bestens vernetzt. [146] Die Ischgler Hannes Parth, Johann von der Thannen und dessen Sohn Alexander von der Thannen sind ebenso Mitglied in dieser Lobbygruppe einflussreicher Tiroler Wirtschaftstreibender, die sich den mächtigen Namen Tiroler Adlerrunde gegeben hat. Eine Woche vor den Infektionen im Innsbrucker Hotel Europa am 25. Februar 2020 trafen diese Herren dort Kanzler Sebastian Kurz. Dabei haben sie wirtschaftspolitische Themen besprochen. Natürlich war Schranz auch bei diesem Treffen zugegen.

In einem Gespräch mit der *rundschau* berichtet der nunmehrige Berater Schranz stolz über seine Tätigkeit im Krisenstab:

> *Es gibt täglich mehrere Sitzungen zu verschiedenen Themen. Auch in den sogenannten Untergruppen bringe ich fast täglich meine Erfahrungen ein.* [147]

---

144 Akt ON147

145 Bericht Expertenkommission, S. 130

146 So scheint sein Name im Bericht der Expertenkommission erst gar nicht auf.

147 «Werde nicht Gesundheitslandesrat von Tirol!» medalp-GF Alois Schranz unterstützt den Coronoa-Krisenstab im Landhaus, *rundschau*, 31.3.2020, https://www.rundschau.at/imst/chronik/werde-nicht-gesundheitslandesrat-von-tirol (abgerufen am 1.10.2020)

Inoffiziell ist er so bis Mitte März aktiv. Seine offizielle Ernennung als Mitglied des Krisenstabs erfolgt rund um den 16. März 2020. Zu diesem Datum, an einem Montag, stellt er jedenfalls gemeinsam mit Landeshauptmann Günther Platter (ÖVP) und dem Gesundheitslandesrat Bernhard Tilg in einer Pressekonferenz einen «Gesundheitsplan Tirol» vor.

> *Wir gehen einen Tiroler Weg: Wir schaffen in Hotels und Reha-Einrichtungen und nicht in Hallen Notkrankenstationen, um ausreichend Kapazitäten zur Verfügung zu stellen.*[148]

Dieser Tiroler Weg verläuft nicht ohne Profiteure. Einer von ihnen ist Alois Schranz selbst.

Er übt in den kritischen Tagen des März nicht nur Einfluss auf die Entscheidungen des Krisenstabs aus. Beruflich leitet der Unfallchirurg eine Privatklinik in Imst, die Medalp. Auch dieser Betrieb hängt an den Skiliften. Privatversicherte werden dort nach einem Schi-Unfall wieder zusammengeflickt. Mit Ende der Saison endet auch dieses medizinische Geschäft mit dem Tourismus vorzeitig.

Doch findet sich rasch ein neues Einsatzfeld für die Klinik des Krisenstab-Beraters. Denn die in der Gesundheitsplan-Pressekonferenz am 16. März angekündigte «Leistungsvereinbarungen zum Betrieb der erforderlichen Notkrankenstationen des Bundeslands Tirol» führt als Vertragspartnerin auch die Medalp-Klinik von Alois Schranz auf.

Ab sofort stehe dort 22 Betten für Corona-Erkrankte bereit; die Klinik wird flugs in eine Covid-19-Isolierstation umgewandelt, berichtet die Rechercheplattform Dossier.[149] Diese Überlassung von Kapazitäten erfolgt gegen angemessenes Entgelt, versteht sich. Auch so kann ein Verdienstausfall wegen COVID-19 ausgeglichen werden. Wenn man es sich richten kann und gut vernetzt ist.

Schranz liefert in den folgenden Tagen medialen Geleitschutz für die Tiroler Landesregierung gegen die aufkommende Kritik. Ob dies im Ge-

---

148 Gesundheitsplan Tirol für bestmögliche Medizinversorgung, Innsbruck informiert, *ibkinfo* 17.3.2020, https://www.ibkinfo.at/covid-19-gesundheitsplan-tirol (abgerufen am 1.10.2020) Die gesamte Pressekonferenz ist über Facebook dokumentiert: https://www.facebook.com/FrauenTirolerVolkspartei/posts/der-gesundheitsplan-tirol/3535745589832927/ (abgerufen am 19.10.2020)

149 Der Experte als Profiteur, *Dossier*, 30.4.2020, https://www.dossier.at/dossiers/andere-themen/der-experte-als-profiteur/

genzug zu dem lukrativen Vertrag erfolgt, lässt sich nicht nachweisen. Jedenfalls rückt er zwei Tage, nachdem das profitable Gesundheitskonzept vorgestellt wurde, zur Verteidigung des Vorgehens der Tiroler Landesregierung aus. Er weiß nämlich, dass die aufkommende Kritik am Land Tirol

unverhältnismäßig und natürlich fachlich falsch [150]

sei. So tickt Tirol. Es wird von einem Netz aus persönlichen Freundschaften, wechselseitigen Gefälligkeiten und Geschäftsbeziehungen zusammen gehalten. Nicht selten reichen die Enden dieses Netzes bis nach Ischgl. Der einzige Hausarzt im Ort, der im Februar 2020 keine Corona-Tests in Ischgl machen lassen will, ist an der Privatklinik von Schranz indirekt finanziell mitbeteiligt. Die Medinvest ist eine gemeinsame Firma von Schranz und Walser, die an die ‹Medalp Zentrum für ambulante Chirurgie Betriebs GmbH› medizinisches Gerät verleiht.

Einen (eher unfreiwilligen) Einblick in die informellen Kanäle in Tirol erhalten wir auch durch Chat-Nachrichten des Wirtschaftskammer-Funktionärs, Seilbahn-Sparten-Sprechers und ÖVP-Nationalratsabgeordneten Franz Hörl. Er schreibt am 8. März 2020 an den Vater des Kitzloch-Betreibers Bernhard Zangerl Nachrichten, die im Tiroler Blog ‹die tiwag› veröffentlicht worden sind. [151] Ihre Echtheit ist bestätigt. Mit vielen Ausrufezeichen versehen, heißt es dort:

> *Sperr dein Kitzloch zu… Das ganze Land schaut auf euer Lokal …. Der Imageschaden für Ischgl und Tirol ist unermesslich … Bitte nimm Vernunft -… nach einer Woche oder 10 Tagen ist vielleicht Gras über die Sache gewachsen…Wenn eine Kamera den betrieb sieht stehen wir Tiroler da wie ein Hottentottenstaat*

Zum Zeitpunkt der Nachrichten ist den Betreibern des Kitzlochs übrigens bereits bewusst, dass sie zusperren würden. Sie kennen den Absender nur dem Namen nach und hatten vorher mit ihm keinen persönlichen oder beruflichen Kontakt. Die Botschaften eines in Ischgl Fremden haben vor Ort rein gar nichts bewirkt.

---

150   CoV: Kritik an Tirol „unverhältnismäßig", *tirol.ORF.at,* 18. März 2020, https://tirol.orf.at/stories/3039646/ (abgerufen am 1.10.2020)

151   *dietiwag tagebuch,* 20.03.2020, http://www.dietiwag.org/blog/index.php?datum=2020-03-20 (abgerufen am 1.10.2020)

15. Die Spur des Geldes in Tirol

Vielleicht sind die Nachrichten von Hörl als Drohgebärde zu verstehen. Tirol hängt am Tourismus. Jeder dritte Euro, der in Tirol verdient wird, stammt direkt oder indirekt aus de Tourismuswirtschaft. Tirol Tourism Research gibt für 2018 an, dass in dem westlichen Bundesland ein Drittel des gesamten Übernachtungsvolumens in ganz Österreich anfällt. 90 Prozent der Gäste reisen aus dem Ausland an, vor allem aus Deutschland und Italien. Insgesamt geben diese Menschen 2018 rund 8,4 Milliarden Euro im Bundesland aus. Wir sind die «treibende Wirtschaftskraft», so selbstbewusst präsentiert sich die Tourismus- und Freizeitsparte der Tiroler Wirtschaftskammer.

Diese Wirtschaftskraft hat einen Motor: die Seilbahngesellschaften, die 946 Seil- und Bergbahnen sowie Schilifte betreiben (Stand 31.12.2018). [152] Mit dem Transport hoch zu den Startpunkten der Pisten, von wo aus sich diese faszinierende Aussicht auf die Berge genießen lässt, erwirtschaften die Betriebe rund 1,3 Milliarden Euro Umsatz jährlich, verkündet Spartensprecher, ÖVP-Parlamentarier (und Nachrichtenschreiber) Franz Hörl stolz. [153] Tendenz bis März 2020: steigend.

Das Geschäftsmodell funktioniert so: An den Tal- und Bergstationen warten Gasthäuser und Hütten auf die Gäste. Diese müssen nach der Anreise ihre Autos in Parkhäusern abstellen, sie übernachten ein paar Tage in Hotels und sie nehmen sich gerne Andenken mit. All dies hängt logistisch und wirtschaftlich an den Seilbahnen, so wie ihre Gondeln und Sesseln.

Somit führt auch die Spur des Geldes im Fall der COVID-19-Ansteckungen in Ischgl zu der dortigen Seilbahngesellschaft. An ihr hängen die Umsätze der Tourismusbetriebe, an denen wiederum viele Arbeitsplätze hängen. Die Silvrettaseilbahn AG in Ischgl machte 2017 einen Umsatz von 80 Millionen Euro, bei einem Gewinn von 18,7 Millionen. So die eigenen Angaben. Zum Vergleich Die Skiliftgesellschaft Sölden – Hochsölden verzeichnete im selben Jahr einen Umsatz von 34,5 Millio-

---

152 Vgl. Wirtschaftskammer Tirol - Die Seilbahnen, 2019: TIROLER SEILBAHNWIRTSCHAFT IN ZAHLEN 2018, Innsbruck

153 Seilbahner erzielten Rekordumsatz, *tirol.orf.at* vom 8.5.2019, https://tirol.orf.at/v2/news/stories/2980369/ (abgerufen am 6.10.2020)

nen. Dazu nehmen sich die 2016 gemeldeten 19,6 Millionen Euro Umsatz der Gerlospaß-Königsleiten-Bergbahnen GmbH gering aus. Allerdings fügt sich diese Bahn in das Seilbahn-Netz der Zillertal-Arena ein. Die Zillertaler Gletscherbahn GmbH & Co. KG wiederum kam auf 52 Millionen Euro. Um den Gewinn abzuschätzen, den nur dieses Geschäft abwirft, kann man wohl von Margen ab 10 Prozent ausgehen. [154]

Die Bahngesellschaften haben eine je eigene Firmenstruktur. So befindet sich die Silvrettaseilbahn AG mehrheitlich in kommunaler Hand. Rund 260 Ischglerinnen und Ischgler sind direkt oder indirekt an ihr beteiligt. Bekannt ist die Szene aus der Fernseh-Dokumentation «Am Schauplatz», als der ORF-Reporter Ed Moschitz die Mitglieder des Ischgler Gemeinderates fragt, wo sie denn arbeiten würden. Die einmütige Antwort der Männer, während sie mit einer Flasche Bier in der Hand Gemeinderatssitzung abhalten, lautet: bei der Seilbahn. [155]

Der Ischgler Bürgermeister und frühere Lehrer Werner Kurz arbeitet nicht bei der Seilbahn. Dennoch hat sich für ihn im Entscheidungsfall ein Zwiespalt ergeben. Denn als Mitglied im Aufsichtsrat der Seilbahnen und als zu mehr als 27 Prozent Mitbeteiligter (über seine Funktion in der Gemeinde Ischgl) muss er abwägen: zwischen den wirtschaftlichen Interessen der Seilbahngesellschaft und dem Gemeinwohl. Genau dies tut er in einem Interview mit der deutschen Zeitschrift Der Spiegel vom 18.März 2020:

> *Spiegel: Hätten Sie das Skigebiet denn in Eigenregie schließen können?*
>
> *Kurz: Das Seilbahnunternehmen kann auf- und zusperren, ja, aber wir haben uns hier an die Vorgaben der Landesregierung gehalten, und die Behörden haben da gut reagiert. Zudem: In vielen anderen Skigebieten ging der Betrieb ja nach unserer Schließung noch weiter.* [156]

---

154 Die Zahlen und Fakten finden sich mit Quellenangaben in: Die Spur des Geldes in Tirol, *Semiosis*, 27.3.2020 http://www.semiosis.at/2020/03/27/die-spur-des-geldes-in-tirol/ (abgerufen am 6.10.2020)

155 Am Schauplatz: Ausnahmezustand in Ischgl [2.4.2020], ORF, https://www.youtube.com/watch?v=yF6707-ChT8 (abgerufen am 6.10.2020)

156 Bürgermeister von Ischgl im Interview: «Irgendwer muss das Virus ja zu uns gebracht haben», *SPIEGEL* 18.3.2020, https://www.spiegel.de/wirtschaft/coronavirus-ausbruch-in-ischgl-irgendwer-muss-das-virus-ja-zu-uns-gebracht-haben-a-ffa234a1-8406-4d4d-8fbe-b29eb3d07c01 (abgerufen am 28.9.2020)

Seine Aussage, «Woanders ging es weiter» bedeutet im Klartext: Woanders haben sie weiter Geld verdient. Schauen wir uns dieses woanders in Tirol an: Bei der Skiliftgesellschaft Sölden – Hochsölden etwa. Sie gehört drei Tiroler Dynastien: den Familien Falkner, Gurschler und Riml. Die Anteile an der Gesellschaft sind unter ihnen aufgeteilt. Mit dieser Skiliftgesellschaft und weiteren Liften und Bahnen wie der Ötztaler Gletscherbahn GmbH & Co KG wurde ein Firmennetz über das Gletschergebiet geworfen, in dem auf die eine oder andere Weise diese drei Familien auftauchen. Zudem sind – so wie auch in Ischgl – einheimische Gesellschafter mitbeteiligt.

Auch die Zillertaler Gletscherbahn ist in Familienhand, hier gibt allerdings nur eine einzige Familie den Ton an: die Familie Dengg. Bei den Gerlospaß-Königsleiten-Bergbahnen ist die Eigentümerstruktur diverser. Ein Mann aber spielt dort eine zentrale Rolle: der Nachrichten-Schreiber Franz Hörl (ÖVP). Er sitzt nicht nur im Aufsichtsrat, über zwei Beteiligungsgesellschaften ist er an der Bahn mitbeteiligt. Vom Personenumsatz dieser Bahn profitiert Hörls Gaspingerhof, ein Hotel und Restaurant inmitten der Zillertal-Arena in Gerlos, das nicht weit von der Seilbahnstation entfernt steht. Auch zu ihm werden die Gäste mit den Seilbahnen transportiert.

Der Hotelier ist also an den Seilbahnen beteiligt, die ihm die Gäste zuführt. Ein super Geschäft mit einer Achillesferse, denn fahren keine Seilbahnen mehr, so kommt der gesamte Wintertourismus zum Erliegen.

Zurück nach Ischgl. Dort verbringen in einer Saison rund 300.000 Gäste ihren Winterurlaub. Sie lassen viel Geld dort. Zum Interessengeflecht im Ort gehört eine weitere Tiroler Familiendynastie. Die von der Thannens sind dort mit dem Hotel Trofana Royal präsent. Nadine von der Thannen und ihr Vater Johann von der Thannen (der in jungen Jahren als Koch aus Vorarlberg nach Ischgl kam) besitzen zudem das Trofana Alpin – samt der früheren Partylocation Trofana Tenne, die in der neuen Wintersaison 2020/2021 gediegene Restauration anbietet. Das Wort «Trofana» bedeutet in der Mundart übrigens so etwas wie «unbenanntes Rinnsal».

Johann von der Thannens Sohn, Alexander von der Thannen, ist seit Dezember 2019 Obmann des Tourismusverband Paznauntal, der in den Tagen des März eine zentrale Rolle in der Ischgl-Causa spielt.[157] Beide sind zudem in der Tiroler Adlerrunde vertreten.

Von daher ist es eher unwahrscheinlich, dass die Verantwortlichen vor Ort den Stopp-Knopf im Kommandostand der Silvretta-Seilbahnen drücken würden. Außerdem sind sie, da die Seilbahnen ja ein öffentliches Verkehrsmittel ist, per behördlicher Betriebsgenehmigung dazu verpflichtet, die Bahnen weiter fahren zu lassen. Lediglich, um die Verbreitung des Virus zu hemmen, hätten die Seilbahnbetreiber die Motoren im Notstopp anhalten können.

Wer entscheidet letztlich, dass die Motoren der Seilbahnen still stehen? Im Falle Ischgl haben wir dafür ein konkretes Beispiel: Denn hier ordnet die Bezirkshauptmannschaft tatsächlich an, den Stopp-Knopf zu drücken. Doch reicht deren Arm nicht so weit.

Wir erinnern uns nochmals an die Ereignisse am 12. März 2020. Die Bezirkshauptmannschaft von Landeck erlässt eine Verordnung, die exakt diese Unterbrechung, die der SPIEGEL nachfragt, vorgesehen hätte. Der für Sanitätsrecht bei der Behörde zuständige S.G. legt darin in §1 fest:

> *Für die Gemeinde Ischgl sowie für die in dieser Gemeinde aufhältigen Personen wird die Beförderung mit jenen Kursen des Kraftfahrlinienverkehrs, welche der Abwicklung des Schibusverkehrs dienen, sowie mit Seilbahnanlagen, verboten.* [158]

Die Beförderung mit der Seilbahn wäre also untersagt. Das hat die Bezirkshauptmannschaft erlassen. Und in Ischgl?

Da fahren die Seilbahnen am Freitag, den 13. März 2020, munter weiter, trotz Verordnung, die allerdings auf Geheiß von Bürgermeister Werner Kurz nicht ausgehängt wurde. Markus Walser, der Vorstand der Vorstand der Silvretta Seilbahn AG, weiß bei seiner Auskunft vor der Expertenkommission des Landes Tirol sogar die genauen Zahlen.

---

157 TVB Paznaun-Ischgl: Alexander von der Thannen ist neuer Obmann, *Ischgl.com*, https://www.ischgl.com/de/More/Service/Presse/Pressetexte/TVB-Paznaun-Ischgl-Alexander-von-der-Thannen-ist-neuer-Obmann_pt_12199547 (abgerufen am 1.10.2020)

158 Erwähnt wird die Verordnung in: Fristenübersicht verkehrsbeschränkender Maßnahmen im Sinne des § 32 Epidemiegesetz 1950, Weiskopf, Kappacher, Kössler Rechtsanwälte, http://www.ra-tirol.at/user_upload_files/fristentabelle.pdf Zitiert ist sie in ON169, S. 25-29. Der Originaltext der Verordnung findet sich in den Anlagen zu diesem Buch.

Wie kann das sein?

Aufschluss über die Gründe für das Nichtbefolgen gibt der bereits zitierte Aktenvermerk unter der Verordnung. Zusammengefasst besagt er, dass der Bürgermeister von Ischgl sie einfach nicht an der Amtstafel der Gemeinde anschlagen lässt. Somit tritt sie nicht in Kraft und die Seilbahnen können auch am Freitag noch, scheinbar legal, mehr als 7.000 Personen auf den Berg ziehen und wieder hinunter bringen. Unter ihnen befindet sich, wir erinnern uns, auch der österreichische Journalist H.S..

In einem konkreten Entscheidungsfall stechen also die Interessen der Tourismusindustrie die der Gesundheit der Bevölkerung, die der Gäste und die der Saisonmitarbeiter*innen aus. Obwohl es, wie der Expertenbericht mehrfach betont, zu keiner direkten Intervention der Seilbahn- und Tourismuswirtschaft bei der Tiroler Landesregierung gekommen sein soll. [160]

Denn Ischgl hält ohnedies zusammen. Das funktioniert schon lange so, seit der Zeit nämlich, als der Ort ein Schmugglerparadies war. Damit ließ sich nach Ende des Zweiten Weltkriegs richtig gut Geld verdienen. So hat etwa das Gründungsmitglied der Silvrettaseilbahn AG, Emil Zangerl, in seinem Rucksack Kaffee und Zigaretten im Tausch für Butter, Käse oder Fleisch von der Schweizer Bergseite Samnaun nach Ischgl geschmuggelt. Aus dem Erlös dieser Geschäfte stammt übrigens das Gründungskapital für den ersten Schilift in Ischgl. Das war 1952. «In den Spuren der Schmuggler», titelt Der Tagesspiegel seinen Bericht über Ischgl. [161]

Die heutige Spur des Geldes führt bis auf ganz wenige Ausnahmen zu und über Männer. Das sind nicht zufällig dieselben Männer, deren Namen bereits im Zusammenhang mit den Seilbahnen und Tourismusbetrieben erwähnt wurden. Die mächtigen Tiroler Männer aus Ischgl tref-

---

159 Akt ON169, S. 35

160 Bericht Expertenkommission, S. 93f.

161 Vgl. Skiurlaub in Tirol. In den Spuren der Schmuggler, *Der Tagesspiegel*, 13.12.2016

fen in der einflußreichen Tiroler Adlerrunde auf weitere Influencer der Politik.

Johannes Parth, Johann (Hans) von der Thannen und sein Sohn Alexander von der Thannen kommen aus Ischgl und sind bei den Tiroler Adlern dabei. Der Seilbahnen-Boss und Adler Jakob Falkner wirkt in Sölden. Auch der sogenannte «Tiroler Speckkaiser» Karl Handl ist Mitglied der Adler-Runde. Er ist zudem mit dem Tourismus rund um Ischgl gut verbandelt. Denn er teilt sich mit Johann von der Thannen das Trofana Erlebnis Dorf, das in Mils am Imst liegt.

Sogar der Tiroler Industrielle Klaus Ortner macht nebenberuflich in Tourismus. Seine IGO Industries sind hundertprozentige Gesellschafter der Ortner GmbH, die wiederum als Gesellschafter und Kommanditistin (mit immerhin knapp 180.000 Euro Anteil) an der Aqua Dome Therme Längenfeld bei Sölden beteiligt ist. Zusammen mit (und hier schließt sich ein Tiroler Familien-Kreis) der Skiliftgesellschaft Sölden-Hochsölden der Familien Falkner, Gurschler und Riml.

Nun inszeniert sich die Adlerrunde im Internet so selbst- und machtbewusst, dass man zweifeln könnte, ob ihr tatsächlicher Einfluss auch der Realität entspricht. Selten wird wirkliche Macht derart offen zur Schau getragen; in der Regel wird sie schlicht ausgeübt.

Doch gewinnen die Tiroler Adler dann an Einfluss, wenn sie im Umfeld der ÖVP agieren. Wer in Tirol wirklich etwas zu sagen haben will, muss die Nähe zur konservativen Partei im Land suchen. Das haben die Männer wohl erkannt und daher brav an die alles dominierende politische Kraft gespendet.

16. Im WhatsApp-Chat: Land ist mit oe24 in Verbindung

Tatsächlich stellt die ÖVP seit 1945 ohne Unterbrechung den Landeshauptmann – so heißt der Regierungschef des westlichen Bundeslandes in Österreich.

Was wir wissen, ist, dass die Seilbahn- und Tourismus-Magnaten aus der Tiroler Adlerrunde fleißig an die ÖVP spenden. Dabei sind sie keineswegs knauserig: Handl Tyrol zahlt in den Jahren 2013 und 2017 zusammen rund 50.000 Euro, das Trofana Erlebnis-Dorf (von der Thannen und Handl) überweist 2017 nochmals 14.800 Euro und die Skiliftgesellschaft Sölden-Hochsölden (Falkner und Gurtscher) hat 2017 an die türkise ÖVP 12.000 Euro gezahlt. Zählen wir die 2018er Spende über 430.000 Euro des Nebenerwebs-Touristikers Klaus Ortner hinzu, dann kommt schon ein ansehnliches Sümmchen aus dem Tiroler Touristikbereich für die ÖVP zusammen.

2013 sorgte zudem eine Spende der Interessensgemeinschaft der Zillertaler Seilbahnen für Aufsehen. Sie unterstützte einen ÖVP-Kandidaten mit 25.000 Euro. Die ÖVP meldete diese Spende erst 2015. Im Nationalratswahlkampf 2017 ließen die Zeller Bergbahnen 25.000 Euro für die Partei springen und die Tiroler Zugspitzbahnen gaben 2017 ebenfalls 5.000 Euro für die ÖVP. Das macht insgesamt 131.500 Euro aus dem Seilbahn- und Tourismuskomplex plus Ortners Spende von 430.000 Euro an die Partei aus. Diese mehr als eine halbe Million von den Tiroler Adlern an die Partei ist nicht nichts.

Solche Spendenflüsse lassen Zweifel daran aufkommen, ob die verantwortlich handelnden Personen bei Entscheidungen zwischen den wirtschaftlichen Interessen der Seilbahnwirtschaft und der Gesundheit von allen im Zweifelsfall der Gesundheit den Vorrang einräumen. In ihren Statements bei der Expertenkommission des Landes bestreiten sie vehement, dass es diesbezüglich Druck von Hoteliers oder von der Seilbahnwirtschaft gegeben habe. Daher kommt der Bericht auch zu einem vermeintlich klaren Ergebnis:

> *Alle Beamten der hier in Frage kommenden Bezirkshauptmannschaften Landeck und Imst haben übereinstimmend angegeben, dass ihnen gegenüber weder von Hoteliers noch von Per-*

sonen der Seilbahn- oder sonstigen Tourismuswirtschaft in irgendeiner Form Druck ausgeübt wurde. Es sei niemals an sie herangetreten worden, irgendwelche Maßnahmen nicht oder erst später zu setzen. Ebenso haben die Vertreter der Tourismusverbände, der Seilbahnen und die Hoteliers jeden Versuch der Beeinflussung der Behörde entschieden verneint. [162]

Vielleicht braucht es aber—wie im Falle Ischgls — gar keinen expliziten Druck, um zu wissen, was zu tun ist?

Die Verflechtungen zwischen Wirtschaft und Politik in Tirol gehen nämlich über Parteispenden der Adlerrunde an die ÖVP hinaus. Die Kandidatenliste für die Wirtschaftskammer-Wahlen in Tirol, die Anfang März abgehalten wurden, erlauben einen tieferen Einblick, wie eng ÖVP und Seilbahn- und Tourismuswirtschaft miteinander verflochten sind.

Zur Erklärung: In Österreich sind die Interessensvertretungen in Kammern organisiert. In der ‹Arbeiterkammer› sind alle unselbstständig Beschäftigten automatisch Mitglied - und sie müssen auch einen kleinen Teil ihres Gehalts an diese abführen. Dies geschieht automatisch.

Gleiches gilt für alle Unternehmen, nur heißt deren Vertretung ‹Wirtschaftskammer›. Auch hier gilt eine Pflichtmitgliedschaft. Beide Interessenvertretungen bilden die Säulen der Sozialpartnerschaft in Österreich. Sie sind bundesweit und in allen neun Bundesländern organisiert.

Da die Kammern sich selbst verwalten, gibt es turnusmäßig Wahlen der Leitungsorgane, zu der parteinahe Listen antreten. Die ÖVP-nahe Organisation in der Wirtschaftskammer nennt sich Wirtschaftsbund. Die Fachgruppe Seilbahnen in der Wirtschaftskammer bildet das organisatorische Rückgrat des Tourismus in Tirol. Von dort geht das Lobbying für die Interessen der Seilbahnwirtschaft aus.

Auf der Liste des ÖVP-nahen Wirtschaftsbunds zur Wahl finden sich prominente Vertreter aller großen Tiroler Seilbahnen. Darunter ist nicht nur der bereits erwähnte Franz Hörl, sondern noch weitere Männer, die im Zusammenhang mit den Recherchen zum Behördenversagen in Ischgl erwähnenswert sind: Hannes Parth, der langjährige Vorstand der Silvretta Seilbahn Aktiengesellschaft, war bis vor kurzem Obmann-Stellvertreter der Fachgruppe Tiroler Seilbahnen in der Wirtschafts-

---

162   Bericht Expertenkommission, S. 93f.

kammer. Er kandidiert auf der Liste des ÖVP-Wirtschaftsbunds. Dabei vertritt er den SMS-Schreiber und ÖVP-Nationalrat Franz Hörl. Sein Bruder Alfons Parth, Aufsichtsratsmitglied der Seilbahn AG, bietet in der Ischgler WhatsApp-Gruppe Unterstützung in der Kommunikation mit dem Land Tirol an.

In der Sparte Seilbahnen waren bei der Wahl im März 2020 12 Mandate zu vergeben. Bei dieser Wahl fielen sämtliche Mandate an den ÖVP-Wirtschaftsbund. [163] Partei-Interessen und Wirtschaftsinteressen gehen in diesem Bereich also, wie von selbst, Hand in Hand. Die Seilbahnvertreter müssen nicht von Außen in die ÖVP oder die Regierung hinein intervenieren. Sie sind bereits in der dominierenden ÖVP aktiv. Was bedeutet das nun für die Vorgänge in Ischgl?

Bis Dezember 2019 war Alfons Parth Obmann des Tourismusverbands Paznauntal und er ist Obmann des Vereins der Ischgler Tourismusunternehmen. In diesem Vereinsvorstand sitzen weitere Personen, die am Ischgler Drama mitwirken: Alexander von der Thannen (ÖVP-Wirtschaftsbund), Michael Zangerl und Arnold Tschiderer. Sie alle kommunizieren über die WhatsApp-Gruppe mit dem Titel Corona miteinander. Ebenfalls dabei: Der Bürgermeister von Ischgl, Werner Kurz. Er ist nicht Mitglied der ÖVP. Ihn betrifft aber eine Sicherstellungsanordnung der Tiroler Staatsanwaltschaft, da er dort mittlerweile als Beschuldigter geführt wird.

Aufgrund einer Sachverhaltsdarstellung (= einer Strafanzeige) des Verbraucherschutzvereis VSV gegen die Tiroler Verantwortlichen (siehe den Beitrag von Peter Kolba im Buch) ermittelt die Tiroler Staatsanwaltschaft seit April 2020. Seit Anfang August 2020 führt sie vier Personen als Beschuldigte. Dazu gehört – neben dem Bezirkshauptmann von Landeck – der Bürgermeister von Ischgl, Werner Kurz. Nach vier Monaten Ermittlungen will die Staatsanwaltschaft an diesem Sommertag interne Dokumente sicherstellen lassen.

---

163 WKO Wahl 2020, Wahlergebnisse, https://ergebnispraesentation.wko.at/Wahl2020/Wahlergebnis/WahlergebnisDetailDisplay?wirtschaftskammerID=8&ga=2.141231227.872741446.1583507885-763522551.1563966358 (abgerufen am 19.10.2020)

Darunter ist «aus Beweisgründen» das Handy des Bürgermeisters mit dem Verlauf des WhatsApp-Chats zu Corona.[164]

Am 4. August 2020 stehen gegen 10:45 Uhr einige Polizeibeamte vor der Tür des Ischgler Gemeindeamtes. Die ermittelnde Staatsanwältin Christine Knapp-Brucker ist persönlich vor Ort. Immerhin sollen Dokumente der Gemeinde Ischgl sichergestellt werden. Der Vorwurf lautet: «Verdacht auf fahrlässige Gefährdung von Menschen durch übertragbare Krankheiten».

Das Protokoll der Amtshandlung bei der Gemeinde Ischgl gibt die Szenerie an jenem Morgen wie folgt wieder:

> *BGM Werner Kurz und Dr. Schöpf [sein Anwalt - SR] teilten bezüglich des Chat-Verlauf der WhatsApp Gruppe Corona mit, dass diesbezüglich eine Sicherstellung des Handys nicht erforderlich sei, weil dieser Chat-Verlauf bereits per Screen-Shots gesichert und in Papierform vorhanden sei. [165]*

Daraufhin vergleichen die anwesenden Beamten die bereits vorbereiteten Ausdrucke der Kommunikation. Die anwesende Staatsanwältin verzichtet dann auf die Beschlagnahme des Handys. Das Mobiltelefon brauche man gar nicht, da sie sowieso nur den Chat sicherstellen will. Am Ende ihres Amtsvermerks über den Ablaufs vor Ort führt sie zudem aus:

> *Nach Hinzuziehung des Amtsleiters A.S. konnte festgestellt werden, dass die Gemeinde Ischgl lediglich über einen Ordner betreffend COVID-19 Ausbruch verfügte, der einer Sichtung unterzogen und die wesentlichen Stücke sodann im Original sichergestellt wurden. [166]*

Aus dem juristischen Amtsdeutsch übersetzt besagt dieses Protokoll, dass die internen Chats für die Staatsanwaltschaft schon ausgedruckt bereit lagen. Außerdem dokumentiert die Gemeinde dieses bedeutende Ereignis in Ischgl in nur einem einzigen Aktenordner.

Der Inhalt der Chats ist dennoch brisant: Aus ihnen geht nämlich hervor, wie die Ischgler Touristiker die Tiroler Landesregierung benutzen

---

164 Akt ON129, S.1

165 Akt ON136, S. 1

166 Ebenda

wollten, um unliebsame frühe Zeitungsberichte, die die Wahrheit über die isländischen Informationen zu Ischgl berichtet haben, aus dem Verkehr zu ziehen.

Um dieses Beispiel zu erläutern, gehen wir zeitlich nochmals zurück, zum 5. März 2020. Die Öffentlichkeit weiß zu dieser Zeit noch nichts über mögliche COVID-19-Infektionen in Ischgl. Auch bringen die österreichischen Medien an diesem Tag nichts über die Warnung aus Island und über die Information, dass sich Urlaubende von dort in Ischgl mit COVID-19 infiziert haben.

Plötzlich taucht ein Problem auf. Die Boulevardzeitung ‹Österreich› und der ihr angeschlossene Fernsehsender OE24 berichten unerwartet.

> *Geheim gehalten: 9 Tirol-Touristen auf einen Schlag infiziert!*
>
> *(...) Sollten sich die neun Isländer aber doch schon in Ischgl infiziert haben, würde das die Probleme des heimischen Tourismus durch das Coronavirus noch verstärken. Derzeit gab es 498 Verdachtsfälle in Tirol, aber keinen einzigen in Ischgl.* [167]

Diese Meldung über die Isländer*innen, die sich in Ischgl mit COVID-19 angesteckt haben und die Vermutung, dass dies dem Tourismus Probleme bereiten wird, entsprechen beide der Wahrheit.

Wie der Sender zu Protokoll gibt, hat die Tiroler Landesregierung genau gegen diese Meldung heftig interveniert:

> *5. März: [...] oe24.at berichtet über die Isländer. Ein empörter Sprecher der Tiroler Landesregierung ruft an: Wir sollen doch bitte nicht länger schreiben, dass sich 14 Isländer in Ischgl infiziert hätten. Wörtlich sagt er: «In Ischgl gibt's keinen Fall.»*[168]

Wie ist dieser Anruf zustande gekommen? Die Antwort auf diese Frage findet sich in Ischgl, im beschlagnahmten WhatsApp-Protokoll. Im Chat der Ischgler Touristiker wird die Meldung der Boulevard-Zeitung aufge-

---

167 Geheim gehalten: 9 Tirol-Touristen auf einen Schlag infiziert!, *OE24,* 5. und 6.3.2020 https://www.oe24.at/oesterreich/politik/geheim-gehalten-9-tirol-touristen-auf-einen-schlag-infiziert/420370300 (abgerufen am 18.9.2020)

168 Vertuschungsskandal in Tirol: Protokoll des Ischgl-Versagens, *Österreich*, 25.3.2020, https://www.oe24.at/coronavirus/vertuschungsskandal-in-tirol-protokoll-des-ischgl-versagens/423513502 (abgerufen am 16.9.20209) Diese Intervention wurde von Chefredakteur Richard Schmitt in einer Antwort auf Nachfrage vom 9.Oktober 2020 abermals bestätigt.

regt geteilt. Jemand bezeichnet sie wörtlich als «Fake-News». Danach beruhigt der Seilbahn-Doyen Alfons Parth, der den Touristikern im Hintergrund hilft. Denn er weiß:

Land ist mit oe24 in Verbindung. [169]

Daraufhin schreibt Michael Zangerl (Vorstand des TVB Paznauntal), man wolle ja auch nichts vertuschen. Schließlich informiert Dietmar Walser:

Florian Kurzthaler / Kommunikationsvorstand beim Land informierte mich soeben, dass sie mit der Zeitung in Kontakt sind, massiv Druck ausüben. Zugleich bittet er, dass wir an der Strategie festhalten und nur das Land kommunizieren lassen. [170]

Die Ischgler Verantwortlichen können über die Tiroler Landesregierung ‹massiv› Druck ausüben, um Ischgl aus dem «medialen Schussfeld» zu bekommen.

Am selben Tag hat TVB-Obmann Dietmar Walser um 16.11 Uhr nämlich per Mail angeregt, dass in der Medieninformation der Tiroler Landesregierung zum Fall der isländischen Infizierten eine sachlich falsche Information verbreitet wird: nämlich dass sich die Betroffenen im Flugzeug angesteckt hätten. In der Mail spricht er den «lieben Herr Landeshauptmann» direkt an:

Lieber Herr Landeshauptmann / Hallo Markus,

(...) Womöglich könnte man noch darauf hinweisen, dass die betreffenden Personen aus Island selber darauf hingewiesen haben, dass sie im Flugzeug bei der Heimreise angesteckt wurden. [171]

Der angesprochene Markus, also Markus Maaß, der Bezirkshauptmann von Landeck, leitet diesen Vorschlag direkt an Landesamtsdirektor Forster und an die Abteilung Öffentlichkeitsarbeit der Tiroler Landesregierung weiter. Schließlich wird die Ischgler Version mit der falschen These aus Ischgl in die Presseinformation übernommen und vom Land Tirol veröffentlicht.

---

169   Akt ON170, S. 19

170   Akt ON170, S. 21

171   Akt ON160, S.35

Aus den Dokumenten werden also zwei direkte Interventionen aus Ischgl in das Handeln der Tiroler Behörden ersichtlich. Bei beiden Interventionen geht es um das Auftauchen des Virus in Ischgl, das verneint werden soll.

Beide Male sind die Ischgler Touristiker als Urheber erkennbar. Sie setzen sich dabei weder für den Schutz der Gesundheit der Gäste ein, noch für den der Einheimischen. Sie haben lediglich das Image der Ortes im Blick, das sich direkt auf ihre Umsatzzahlen auswirkt. Dabei scheuen sie auch nicht zurück, es mit der Wahrheit nicht so genau zu nehmen.

Für alle genannten Personen gilt die Unschuldsvermutung.

Im O-Ton

17. Fünf Fragen an Landeshauptmann Günther Platter
(beantwortet von Markus Sint)

«Nicht alles falsch gemacht», so lautet das Fazit des Tiroler Oppositionspolitkers Markus Sint zum Handeln der Tiroler Behörden. Er hat mir fünf Fragen beantwortet, die ich im Zuge der Recherchen eigentlich an Landeshauptmann Günther Platter gerichtet habe. Da dieser mir nach einer Woche Bedenkzeit mitteilt, sie nicht beantworten zu wollen, sind nun die Ausführungen von Markus Sint nachlesbar. Er ist Tiroler Landespolitiker der oppositionellen Liste Fritz, die im Tiroler Landtag vertreten ist.

Haben die Tiroler Behörden im Fall Ischgl mehr ‹alles richtig gemacht› oder mehr ‹nicht alles falsch gemacht›?

Die Corona-Pandemie hat alle – Bürger und Behörden – in eine Ausnahmesituation gebracht. Es ist daher gar nicht zu erwarten, dass in einer solchen Ausnahmesituation alle Entscheidungen richtig sind. Dennoch dürfen Einheimische und Gäste erwarten, dass die Behörden zuallererst auf die Gesundheit der Menschen achten.

Die unterschiedliche Herangehensweise einerseits bei der teilweisen Schließung des Hotels Europa in Innsbruck am 25. Februar nach zwei positiven Coronafällen und andererseits bei den positiven Coronafällen ab 7. März in Ischgl und anderen Tourismushochburgen fallen nicht in die Kategorie „alles richtig gemacht".

Die Schließung eines Apres Ski Lokals in Ischgl, des inzwischen berühmt gewordenen Kitzlochs, bei gleichzeitig weiterlaufendem Wintersportbetrieb mit vollen Hotels, Restaurants, Hotelbars, Wellnessbereichen, weiteren Apres Ski Bars und den Seilbahnen kann ebenfalls nicht unter die Kategorie „alles richtig gemacht" fallen.

Letztlich sind die teils chaotisch abgelaufenen Abreisevorgänge nach Bekanntwerden des Endes der Wintersaison alles andere als in die Kategorie „alles richtig gemacht" einzuordnen.

Als Fazit bleibt also eher „nicht alles falsch gemacht".

Welche Fehler sehen Sie konkret in ihrem eigenen Handeln, im Rückblick?

Die Antwort auf diese Frage kann tatsächlich nur Günther Platter selbst als Landeshauptmann von Tirol geben.

Aus meiner Sicht gibt es zwei wesentliche Punkte: Erstens Mitgefühl ausdrücken und zweitens Verantwortung übernehmen. Es hat viel zu lange gedauert, bis dem offiziellen Tirol ehrliche Worte des Mitgefühls, des Bedauerns und der ernstgemeinten Entschuldigung über die Lippen gekommen sind. Ich für meinen Teil will mich aufrichtig bei allen Gästen, Mitarbeitern und Einheimischen entschuldigen.

Als Landeshauptmann und Leiter des Krisenstabes muss man Verantwortung übernehmen, auch wenn man nicht jede Entscheidung alleine getroffen hat. Es ist klar, dass in einer solchen Ausnahmesituation Fehler passieren, diese offen zu benennen, sie ehrlich zuzugeben und sie in der Zukunft zu vermeiden, heißt für mich Verantwortung übernehmen.

Wie war in dem sensiblen Zeitraum vor und während der Quarantäne von St. Anton und dem Paznauntal der Kontakt nach Wien?

Die Antwort auf diese Frage kann tatsächlich auch nur Günther Platter selbst als Landeshauptmann von Tirol geben.

Wie gut der Kontakt nach Wien war und vor allem wie klar oder wie unklar die Vorgaben der Bundesstellen gewesen sind, wird auch Gegenstand des Expertenberichtes zur Untersuchung des Corona-Krisenmanagements sein müssen.

Im April 2020 haben Sie formuliert: «Wir haben die Sommersaison noch nicht aufgegeben». Wie ist die Sommersaison in Tirol aus Ihrer Sicht gelaufen?

Im Verhältnis zu einer durchschnittlichen Sommersaison ist sie katastrophal gelaufen. In Anbetracht der Corona-Ausnahmesituation ist sie weniger schlimm als befürchtet gelaufen. Sie war zumindest kein Totalausfall!

Nichtsdestotrotz sind die Verluste für die Unternehmer gewaltig und sie schmerzen Unternehmer, Mitarbeiter und viele Menschen im Land Tirol.

Muss sich am Tiroler Tourismus in Hinblick auf den Wintertourismus etwas grundlegend ändern?

Grundsätzlich braucht es in Tirol eine Strukturreform, denn es ist nicht gut, dass Tirol von einem Wirtschaftszweig derart abhängig ist.

Der Tourismus und speziell der Wintertourismus müssen sich ändern und zwar dringend. Es braucht ein Umdenken, weg von immer mehr und immer weiter hinauf. Weg von immer noch mehr Seilbahnen, Pistenkilometern und Betten hin zu einem Wintertourismus der im Einklang mit der Natur und den Menschen im Land ist. Es geht um das richtige Maß!

Der Tourismus gehört zu Tirol, aber die Schattenseiten, die der moderne Massentourismus mit sich bringt, etwa Massenverkehr, Übererschließung der Natur, unattraktive Arbeitsplätze etc. gehören eingedämmt.

Für mich und die Liste Fritz ist es etwa eine Vision, Tirol zum Klimaschutz-Tourismusland Nummer 1 der Welt umzubauen. Unsere Idee ist es, von jeder Gästenächtigung in Tirol 1 Euro an einen Klimaschutzfonds zu geben, das wären rund 50 Millionen Euro pro Jahr. Dieses Geld ist dann zweckgebunden für notwendige Klimaschutzmaßnahmen zu verwenden. So kann Tourismus in Tirol wirklich nachhaltig sein!

18. Peter Kolba: Sammelaktion des Verbraucherschutzvereines für Covid-19-Geschädigte

In Tirol und auf Bundesebene wurde im Februar und März 2020 bei der Bekämpfung der Covid-19-Pandemie vieles falsch gemacht. Die Fehler und Folgen werden in diesem Buch von Sebastian Reinfeldt ausführlich beschrieben. Der Verbraucherschutzverein hat zur Unterstützung der durch die Infizierung mit Covid-19 geschädigten in- und ausländischen Touristen und der Saisonarbeiter über seine Web-Site eine Sammelaktion gestartet, an der man sich immer noch anschließen kann. [172]

Der Verbraucherschutzverein geht davon aus, dass von den lokalen Behörden, von der Landesregierung und von der Bundesregierung sowie von Tourismusbetrieben Fehler gemacht wurden, die gegen Gesetze und Verordnungen verstoßen haben. Diese Fehler müssen zum einen durch die Staatsanwaltschaft auf deren strafrechtlichen Gehalt untersucht und angeklagt werden. Zum anderen führen diese Fehler zu zivilrechtlichen Schadenersatzansprüchen gegen Bund, Land, Gemeinde und Tourismusbetriebe.

1. Rechtliche Rahmenbedingungen

Das Epidemiegesetz 1950 sieht für anzeigepflichtige Krankheiten vor, dass Verdachts-, Erkrankungs- und Todesfälle der Bezirksverwaltungsbehörde, in deren Gebiet sich der Kranke aufhält oder der Tod eingetreten ist binnen 24 Stunden anzuzeigen sind.

Durch die Verordnung des Bundesministers für Soziales, Gesundheit, Pflege und Konsumentenschutz (BMSGPK) vom 26.1.2020 (BGBl II Nr. 15/2020) wurde diese Anzeigepflicht auf die neue Erkrankung an 2019-nCoV („2019 neuartiges Coronavirus") ausgedehnt.

Diese Anzeigepflicht trifft gemäß § 3 Epidemiegesetz u.a. Ärzte, Pflegepersonen, Leiter von Schulen und Kindergärten, Wohnungsinhaber, Gastwirte und Hausbesitzer.

---

172 Die Adresse der Seite lautet: www.verbraucherschutzverein.at

Gemäß §§ 178 f StGB handelt es sich bei Covid-19 daher seit 26.1.2020 um eine anzeigepflichtige übertragbare Krankheit.

Dem Landeshauptmann obliegt gemäß § 43 Abs. 5 u 6 Epidemiegesetz im Rahmen seines örtlichen Wirkungsbereichs die Koordinierung und Kontrolle der Maßnahmen der Bezirksverwaltungsbehörden. Besteht der Verdacht oder die Kenntnis über einen bundesländerübergreifenden Ausbruch einer Erkrankung gemäß § 1 Abs. 1 und 2, so haben die Landeshauptmänner der betroffenen Bundesländer zusammenzuarbeiten und ihre Tätigkeiten zu koordinieren. Das Bundesministerium für Soziales, Gesundheit, Pflege und Konsumentenschutz (BMSGPK) ist im Fall von Krankheitsausbrüchen vom Landeshauptmann unverzüglich zu verständigen.

Über jede Anzeige sowie über jeden Verdacht des Auftretens einer anzeigepflichtigen Krankheit haben die zuständigen Behörden gemäß § 5 Epidemiegesetz durch die ihnen zur Verfügung stehenden Ärzte unverzüglich die zur Feststellung der Krankheit und der Infektionsquelle erforderlichen Erhebungen und Untersuchungen einzuleiten. Kranke, Krankheitsverdächtige und Ansteckungsverdächtige sind verpflichtet, den zuständigen Behörden die erforderlichen Auskünfte zu erteilen und sich den notwendigen ärztlichen Untersuchungen sowie der Entnahme von Untersuchungsmaterial zu unterziehen. Zum Zwecke der Feststellung von Krankheitskeimen sind hierbei nach Möglichkeit fachliche Untersuchungsanstalten in Anspruch zu nehmen.

Beim Auftreten einer der im Epidemiegesetz bzw. der Verordnung dazu angeführten Krankheiten kann gemäß § 20 Epidemiegesetz unter den sonstigen dort bezeichneten Bedingungen der Betrieb einzelner gewerbsmäßig betriebener Unternehmungen mit fester Betriebsstätte beschränkt oder die Schließung der Betriebsstätte verfügt sowie auch einzelnen Personen, die mit Kranken in Berührung kommen, das Betreten der Betriebsstätten untersagt werden. Die Schließung einer Betriebsstätte ist jedoch erst dann zu verfügen, wenn ganz außerordentliche Gefahren sie nötig erscheinen lassen.

Am 11.3.2020 erließ die Bezirkshauptmannschaft Landeck eine Verordnung, die die Durchführung von Veranstaltungen, die ein Zusammenströmen von mehr als 500 Personen außerhalb geschlossener Räume

im Freien oder von mehr als 100 in einem geschlossenen Raum untersagt werden.

Am 13.3.2020 erließ die Bezirkshauptmannschaft Landeck zwei Verordnungen:

Quarantäne über das Paznauntal und St. Anton am Arlberg

*(LA-KAT-COVID-EPI/57/9-2020): Ausländische Urlauber dürfen
die Gebiete noch verlassen, müssen aber an den Kontrollpunkten ein Formular mit den wesentlichen Kontaktdaten vorwei-
sen; Personal der Tourismusbetriebe und Gäste aus Österreich
dürfen die Gebiete nicht mehr verlassen. (Siehe Kapitel 19 im
Buch)*

Verkehrsbeschränkende Maßnahmen für alle Gemeinden

*(LA-KAT-COVID-EPI/8-2020) Benutzung von Ski-Bussen und
Seilbahnanlagen verboten; Besuch von Gaststätten und Hotels
verboten.*

*Diese Verordnungen traten durch Veröffentlichung auf den
Amtstafeln der betroffenen Gemeinden – laut der Beantwor-
tung parlamentarischer Anfragen der NEOS – erst um 19.30 in
Kraft.*

2. Strafrechtliche Ermittlungen

Der Verbraucherschutzverein (VSV) hatte bereits am 24.3.2020 an die
Staatsanwaltschaft Innsbruck eine Sachverhaltsdarstellung in Sachen
Infektion mit dem Covid-19-Virus ausgehend von Tiroler Tourismusor-
ten wegen des Verdachtes auf Schaffung einer Gemeingefahr, auf vorsätzliche bzw fahrlässige Gefährdung durch die Verbreitung einer meldepflichtigen Krankheit und auf Amtsmissbrauch eingebracht.

Das Verfahren wird von der Staatsanwaltschaft Innsbruck zur AZ 7 St
71/20d geführt.

Die Staatsanwaltschaft Innsbruck sah lange Zeit nicht einmal einen
«Anfangsverdacht» und hat mit dessen Abklärung das Landeskriminal-
amt Tirol beauftragt. Jedenfalls seit 18.5.2020 ermittelt die Staatsan-

waltschaft Innsbruck immerhin wegen des Verdachtes vorsätzliche bzw fahrlässige Gefährdung durch die Verbreitung einer meldepflichtigen Krankheit gegen unbekannte Täter.

Am 5.5.2020 hatte die Staatsanwaltschaft Innsbruck öffentlich bekanntgegeben, dass Ihr seitens des Landeskriminalamtes Tirol ein 1000 Seiten-Zwischenbericht vorgelegt wurde. Dieser Bericht wurde dem Verbraucherschutzverein im Zuge einer Akteneinsicht für Privatbeteiligte zugänglich.

Dieser Bericht besteht aus einem 15 Seiten Bericht und 985 Seiten Dokumentation. Dabei wurden seitens der Polizei Behörden schriftlich angefragt, wie die Verpflichtungen zur Bekanntgabe von meldepflichtigen Krankheiten nach dem Epidemiegesetz auszulegen seien. Wer, wem, was zu melden habe. Weiters wurden seitenweise Web-Sites kopiert, so etwa auch die Web-Site des Robert Koch-Institutes in Berlin, die Web-Sites von Tourismusverbänden usw.

Es wurden keine Zeugen vernommen und es wurde das Zusammenwirken zwischen Bund und Land nicht in die Erhebungen einbezogen.

Der VSV hat daher am 8.6.2020 eine weitere Sachverhaltsdarstellung an die Wirtschafts- und Korruptionsstaatsanwaltschaft (WKStA) eingebracht und angeregt, dass diese die Ermittlungen an sich ziehen solle. Das hat die WKStA nicht getan; vielmehr hat sie die Anzeige einfach an die Staatsanwaltschaft Innsbruck weitergeleitet.

Der VSV wollte sodann erneut für Privatbeteiligte Akteneinsicht nehmen. Doch nun lehnte die Staatsanwaltschaft Innsbruck diesen Antrag mit der in dieser Kürze und Allgemeinheit wohl rechtswidrigen Begründung ab, dass durch eine Akteneinsicht der „Ermittlungserfolg" gefährdet werden könne.

Beschwerden darüber bei der Justizministerin Alma Zadic blieben ungehört.

Informell teilte die Staatsanwaltschaft Innsbruck mit, dass sie zuerst rund 10.000 Seiten journalisieren und personenbezogene Daten von Geschädigten schwärzen müsse, bevor dann doch Akteneinsicht gewährt würde.

Mitte September 2020 war es dann soweit und der VSV bekam wieder Akteneinsicht. Bis zu diesem Zeitpunkt hatte die Staatsanwaltschaft

Innsbruck weder Zeugen noch Beschuldigte vernommen, wohl aber Aussagen von Auskunftspersonen vor der von Landeshauptmann Platter eingesetzten Untersuchungskommission zum Akt genommen.

Der VSV hat diesem Ermittlungsverfahren rund 1.000 Geschädigte als Privatbeteiligte angeschlossen. Der Vorteil: Die Verjährung für Schadenersatzansprüche wird dadurch gehemmt, man hat Anspruch auf Akteneinsicht und man kann – würde die Staatsanwaltschaft die Ermittlungen einstellen – einen Fortsetzungsantrag stellen.

3. Zivilrechtliche Klagen

Soweit Behörden Fehler gemacht haben, kann man gegen sie Amtshaftungsklagen auf Schadenersatz einbringen.

Amtshaftung ist die Haftung des Staates (z.B. des Bundes, der Länder und der Gemeinden) für Schäden, die seine Organe in Ausübung ihrer amtlichen Tätigkeit durch ein rechtswidriges und schuldhaftes Verhalten oder Unterlassen verursachen. Der Schaden ist vom Staat immer nur in Geld zu ersetzen. Das Organ selbst haftet den Geschädigten nicht.

Der Geschädigte sollte die Finanzprokuratur (Rechtsanwalt des Staates) vor einer Klage auffordern, den Anspruch anzuerkennen. Für eine Antwort hat die Finanzprokuratur drei Monate Zeit. Wenn der Geschädigte gleich klagt und der Staat den Anspruch sogleich anerkennt, muss der Geschädigte die Prozesskosten tragen. Ansonsten hat eine Klage ohne Aufforderung keine nachteiligen Folgen.

Der VSV hat für rund 700 Geschädigte die Finanzprokuratur Ende Juni 2020 aufgefordert, Ansprüche anzuerkennen und hat Gespräche über eine vergleichsweise Lösung angeboten.

Die Finanzprokuratur hat sich auf den Standpunkt gestellt, dass für jeden einzelnen Geschädigten ein klagsreifes Vorbringen erstattet werden müsse. Das hat der VSV dann in einem Musterfall Anfang August 2020 getan. Die Finanzprokuratur antwortete kurz angebunden: Man werde den Fall binnen drei Monaten prüfen. Auf ein Gesprächsangebot ging sie nicht ein.

Daher hat der VSV am 22.9.2020 durch seinen Vertrauensanwalt Dr. Alexander Klauser in vier Musterfällen – ohne die Fristen der Finanzprokuratur abzuwarten – Amtshaftungsklagen gegen die Republik Österreich eingebracht.

Das Gesundheitswesen ist in «mittelbarer Bundesverwaltung», das bedeutet die Vorgaben und die Oberaufsicht liegen beim Gesundheitsminister, die konkreten Verwaltungsakte beim Land und den Gemeinden.

Die Musterklagen stützen sich sowohl auf Fehler des Bundes, als auch auf Fehler des Landes und der Gemeinden. Daher wurden die Klagen auch am Landesgericht für Zivilrechtssachen in Wien eingebracht.

Die Musterklagen werden durch Rechtsschutzversicherungen finanziert. Wenn weitere Deckungszusagen einlangen, werden weitere Klagen eingebracht werden. Doch ein teil der Geschädigten hat keine Rechtsschutzversicherungen. Für diese Personen wird der VSV versuchen eine oder mehrere Sammelklagen nach österreichischem Recht zu organisieren.

Bei einer Sammelklage nach österreichischem Recht treten die Geschädigten Ihre Ansprüche an den VSV ab und dieser klagt eine Vielzahl von Ansprüchen mit einer Klage ein. Solche Klagen haben – durch das Sammeln von Ansprüchen – hohe Streitwerte. Um hier den Geschädigten das Prozesskostenrisiko abzunehmen wird versucht werden, einen Prozessfinanzierer an Bord zu holen. Diese Unternehmen übernehmen das Proszesskostenrisiko und werden dafür aber mit einer Erfolgsquote am Gewinn beteiligt.

Neben Amtshaftungklagen prüft der VSV auch Schadenersatzklagen gegen Tourismusunternehmen, wenn diese etwa auf Anfrage über die Situation in Tirol falsch informiert bzw gegen die Meldepflichten nach dem Epidemiegesetz verstoßen hätten.

4. Untersuchungskommission

Da das Gesundheitswesen eine Materie der mittelbaren Bundesverwaltung ist, kann der Tiroler Landtag keinen Untersuchungsausschuss einsetzen; das wäre nur im Nationalrat möglich. Daher haben die Landtagsparteien in Tirol zugestimmt, dass der Landeshauptmann Platter eine Untersuchungskommission einsetzt. Diese Kommission aus Experten aus den Bereichen Recht, Medizin und Tourismus soll das Pandemie-Management in Tirol untersuchen und Vorschläge für Verbesserungen machen. Diese Kommission hat 100 Auskunftspersonen gehört und bereitet für Mitte Oktober 2020 Ihren Bericht vor.

Die Kommission hatte aber weder den Auftrag, Fehler strafrechtlich zu würdigen, noch Schadenersatzansprüche zu beurteilen. Das bleibt den Gerichten vorbehalten.

5. «Runder Tisch»

In einer internationalen Pressekonferenz hat der VSV am 23.9.2020 die Musterklagen gegen die Republik Österreich der Öffentlichkeit vorgestellt und gleichzeitig aber auch einen «offenen Brief» an Bundeskanzler Kurz veröffentlicht, worin dieser aufgefordert wird, einen „Runden Tisch" einzuberufen und dafür zu sorgen, dass Verantwortung einbekannt wird, dass man sich bei den Geschädigten ehrlich entschuldigt, aber eben auch Angebote zum Schadenersatz macht.

Das ist nicht ohne Vorbild: Vor 20 Jahren gab es einen Tunnelbrand der Gletscherbahn in Kaprun. 155 in- und ausländische Tourist sind dabei an den Rauchgasen erstickt. Die gerichtliche Aufarbeitung in Straf- und Zivilprozessen wurde von ausländischen Medien heftig kritisiert. Doch die Regierung setzte einen «Runden Tisch» unter Vorsitz des Präsidenten der Österreichischen Nationalbank ein und machte an die Hinterbliebenen Angebot für Schadenersatz. Damit konnte der gute Ruf Österreichs als Tourismus Nation wieder hergestellt werden.

Dokumentation

19. Die Verordnungen der Bezirkshauptmannschaft Landeck

a) Thema Après-Ski und Beschränkung des öffentlichen Verkehrs: Die Verordnung der Bezirkshauptmannschaft Landeck vom 10. März 2020, LAKAT-COVID-EPI/57/1-2020 lautet:

Auf Grund stark zunehmend nachgewiesener an SARS-CoV-2 erkrankten Personen in der Gemeinde Ischgl, sowie der hohen Anzahl der dort urlaubsbedingt aufhältigen Personen aus internationalen Ländern sind die nachfolgenden behördlichen Anordnungen aus medizinischer Sicht unbedingt erforderlich, um eine Weiterverbreitung dieser Erkrankung möglichst einzudämmen.

Die Bezirkshauptmannschaft Landeck verordnet als zuständige Behörde gemäß § 24 Epidemiegesetz 1950 in der geltenden Fassung folgende Maßnahmen zur Verhinderung der Weiterverbreitung einer Krankheit, konkret des Corona-Virus (SARS-CoV-2):

§ 1

a) Es wird eine Beschränkung des Personenverkehrs für die Bewohner der Gemeinde Ischgl sowie für die in dieser Gemeinde aufhältigen Personen insofern verfügt, dass von öffentlichen Verkehrsmitteln, wie insbesondere jene des Kraftfahrlinienverkehrs, des Schibuslinienverkehrs sowie der Kabinen-Seilbahnanlagen jeweils nur die Hälfte der vorgeschriebenen Personenkapazitäten befördert werden dürfen.

b) Zudem ist bei allen in der Gemeinde Ischgl gewerbebehördlich bewilligten Après-Ski-Lokalen der Après-Ski-Betrieb unverzüglich einzustellen.

§2

Die Organe des öffentlichen Sicherheitsdienstes haben die Beschränkungen zu überwachen und gegebenenfalls sicherheitspolizeilich einzuschreiten .

§3

Diese Verordnung tritt mit Kundmachung in Kraft.

§4

Wer gemäß § 1 dieser Verordnung zuwiderhandelt, begeht gemäߧ 40 Epidemiegesetz 1950 eine Verwaltungsübertretung und ist mit Geldstrafe bis zu EUR 1.450, -- im Falle ihrer Uneinbringlichkeit mit Freiheitsstrafe bis zu vier Wochen, zu bestrafen.

---

b) <u>Thema: Veranstaltungen.</u> Die Verordnung der Bezirkshauptmannschaft Landeck vom 11. März 2020, <u>LAKAT-COVID-EPI/57/2-2020, kundgemacht am 11. März 2020</u> im Boten für Tirol Nr. 118/2020, lautet:

VERORDNUNG der Bezirkshauptmannschaft Landeck vom 11. März 2020 betreffend Maßnahmen gegen das Zusammenströmen größerer Menschenmengen nach dem Epidemiegesetz 1950:

Gemäß § 15 Epidemiegesetz 1950, BGBl. Nr. 186/1950, zuletzt geändert durch BGBl. I Nr. 37/2018, in Verbindung mit der Verordnung des Bundesministers für Arbeit, Soziales, Gesundheit und Konsumentenschutz betreffend anzeigepflichtige übertragbare Krankheiten 2020, BGBl. II Nr. 15/2020, wird zur Verhinderung der Weiterverbreitung von SARS-CoV-2 ('2019 neuartiges Coronavirus', vormals: 2019-nCoV) wie folgt verordnet:

§ 1

Die Durchführung von Veranstaltungen im Sinne des Epidemiegesetzes 1950, die ein Zusammenströmen von mehr als 500 Personen außerhalb geschlossener Räume oder im Freien oder von mehr als 100 Personen in einem geschlossenen Raum mit sich bringen, werden untersagt.

§ 2

Dies gilt für alle Veranstaltungen im Sinne des Epidemiegesetzes 1950, insbesondere solche, die in Betrieben, Unternehmen, Schulen (z.B. Schulausflüge), im hochschulischen Betrieb, Kindergärten, Pflegeheimen, zu religiösen Zwecken oder in touristischen Einrichtungen und Sehenswürdigkeiten abgehalten werden sollen. Davon nicht erfasst sind jedenfalls Zusammenkünfte allgemeiner Vertretungskörper, der

Organe von Gebietskörperschaften des öffentlichen Rechts, im Rahmen der öffentlichen Verwaltung, der Organe des öffentlichen Sicherheitsdienstes, des Bundesheers, der Rettungsorganisationen und der Feuerwehr, in Einrichtungen zur Aufrechterhaltung der Gesundheitsversorgung, im Zusammenhang mit der Befriedigung der Grundbedürfnisse des öffentlichen Lebens (Lebensmittelhandel, Einkaufszentren, gastronomische Einrichtungen hauptsächlich zugelassen für die Verabreichung von Speisen, usw.), nach völkerrechtlichen Verpflichtungen, die Arbeitstätigkeit in Unternehmen, Betriebsversammlungen und der öffentliche Personenverkehr sowie der unmittelbar zum Betrieb gehörenden Einrichtungen und Anlagen.

§ 3

Strafbestimmung

Übertretungen dieser Verordnung werden als Verwaltungsübertretungen gemäß § 40 Epidemiegesetz 1950 bestraft.

§ 4

Inkrafttreten, Außerkrafttreten

Diese Verordnung tritt mit Ablauf des Tages der Kundmachung in Kraft und mit 3. April 2020, 12.00 Uhr, außer Kraft.

---

c) <u>Thema: Ende des Seilbahn- und öffentlichen Verkehrs.</u> Die Verordnung der Bezirkshauptmannschaft Landeck <u>vom 12. März 2020, LA-KAT-COVID-EPI/57/3-2020</u> lautet:

Die Bezirkshauptmannschaft Landeck verordnet in Ergänzung zur Verordnung vom 11.03.2020, Zahl LA-KAT-COVID-EPI/57/2-2020. als zuständige Behörde gemäß §§ 15 und 24 Epidemiegesetz 1950 in der geltenden Fassung folgende Maßnahmen zur Verhinderung der Weiterverbreitung einer Krankheit, konkret des Corona-Virus (SARS-CoV2):

§ 1

a) <u>Für die Bewohner der Gemeinde Ischgl</u> sowie für die in dieser Gemeinde aufhältigen Personen wird die Beförderung mit jenen Kursen des Kraftfahrlinienverkehrs, welche der Abwicklung des Schibusverkehrs dienen, sowie mit Seilbahnanlagen verboten.

Ausgenommen sind jene Kurse, die zur Aufrechterhaltung des öffentlichen Personennahverkehres dienen.

b) Weiters wird für die Bewohner der Gemeinde Ischgl sowie für die in dieser Gemeinde aufhältigen Personen der Besuch sämtlicher im Gemeindegebiet befindlichen Gastgewerbebetriebe, die rein der Unterhaltung dienenden Aktivitäten darbieten, verboten. Diese Maßnahmen gelten innerhalb der Betriebsräume und außerhalb auf den Freiterrassen, Gastgärten und den vorgelagerten Freiflächen.

Ausgenommen sind Gastgewerbebetriebe. deren Schwerpunkt auf die Verabreichung von Speisen liegt und die damit der Grundversorgung der Bevölkerung dienen.

§2

Die Organe des öffentlichen Sicherheitsdienstes haben die Beschränkungen zu überwachen und gegebenenfalls sicherheitspolizeilich einzuschreiten.

§3

Diese Verordnung tritt <u>am Tag der Kundmachung an der Amtstafel der Gemeinde Ischgl</u> in Kraft.

Die Verordnung vom 10.03.2020, Zahl LA-KAT-COVID-EPI/57/1-2020, mit der verkehrsbeschränkenden Maßnahmen nach dem Epidemiegesetz 1950 in der Gemeinde Ischgl verfügt wurden, tritt mit In-Kraft-Tretens der gegenständlichen Verordnung außer Kraft.

§4

Wer gemäß § 1 dieser Verordnung zuwiderhandelt, begeht gemäß § 40 Epidemiegesetz 1950 eine Verwaltungsübertretung und ist mit Geldstrafe bis zu EUR 1.450,00 im Falle ihrer Uneinbringlichkeit mit Freiheitsstrafe bis zu vier Wochen, zu bestrafen.

Der Bezirkshauptmann:

Dr. Markus Maaß

AKTENVERMERK

Kundmachung Verordnung LA-KAT-COVID-EPI/57/3-2020

Betreffend Kundmachung o.a. Verordnung teilt Bgm. Kurz dem Amtsleiter der Gemeinde Ischgl telefonisch mit, dass diese Verordnung am

14.03.2020 morgens kundgemacht werden soll, da der Landeshauptmann als letzten Schitag in Ischgl den 13.03.2020 festgelegt hat.

Dies sei mit Mag. Geiger von der Bezirkshauptmannschaft Landeck so vereinbart.

Ischgl, 12.03.2020

---

d) <u>Thema: Betriebsschließungen in Ischgl.</u> Die Verordnung der Bezirkshauptmannschaft Landeck <u>vom 13. März 2020, LAKAT-COVID-EPI/ 57/8-2020</u>, kundgemacht <u>am 14. März 2020</u> im Boten für Tirol Nr. 119/2020, lautete:

VERORDNUNG der Bezirkshauptmannschaft Landeck <u>Verkehrsbeschränkende Maßnahmen nach dem Epidemiegesetz 1950 für alle Gemeinden des Bezirk Landeck</u>

Auf Grund stark zunehmend nachgewiesener an SARS-CoV-2 erkrankten Personen im Bezirk Landeck sowie der hohen Anzahl der dort urlaubsbedingt aufhältigen Personen aus internationalen Ländern sind die nachfolgenden behördlichen Anordnungen aus medizinischer Sicht unbedingt erforderlich, um eine Weiterverbreitung dieser Erkrankung möglichst einzudämmen.

Die Bezirkshauptmannschaft Landeck verordnet in Ergänzung zur Verordnung vom 11. März 2020, Zahl LA-KAT-COVID-EPI/57/2-2020, als zuständige Behörde gemäß §§ 15, 20, 24 und 26 Epidemiegesetz 1950 in der geltenden Fassung folgende Maßnahmen zur Verhinderung der Weiterverbreitung einer Krankheit, konkret des Corona-Virus (SARS-CoV-2):

§ 1

a) Für die Bewohner der Gemeinden sowie für die in den Gemeinden aufhältigen Personen wird die Beförderung mit jenen Kursen des Kraftfahrlinienverkehrs, welche der Abwicklung des Schibusverkehrs dienen, sowie mit Seilbahnanlagen verboten. Ausgenommen sind jene Kurse, die zur Aufrechterhaltung des öffentlichen Personennahverkehres dienen.

b) Weiters wird für die Bewohner der Gemeinden sowie für die in diesen Gemeinden aufhältigen Personen der Besuch sämtlicher in den Gemeindegebieten befindlichen Gastgewerbebetriebe, die rein der Unterhaltung dienenden Aktivitäten darbieten, verboten. Diese Maßnahmen gelten innerhalb der Betriebsräume und außerhalb auf den Freiterrassen, Gastgärten und den vorgelagerten Freiflächen.

Alle Gastgewerbebetriebe zu touristischen Zwecken, insbesondere Gast- und Beherbergungsbetriebe, Hotelbetriebe, Appartementhäuser, Restaurants, Cafés, Bars, Chalets, Airbnb, Privatzimmervermietungen und dergleichen sowie Campingplätze sind zu schließen.

Davon ausgenommen ist die Verabreichung von Speisen zur Grundversorgung der Bevölkerung.

§ 2

Die Organe des öffentlichen Sicherheitsdienstes haben die Beschränkungen zu überwachen und gegebenenfalls sicherheitspolizeilich einzuschreiten.

§ 3

Diese Verordnung tritt am Tag der Kundmachung an der Amtstafel der Gemeinden sowie der Bezirksverwaltungsbehörde in Kraft und mit 13. April 2020 außer Kraft.

Mit Kundmachung gegenständlicher Verordnung treten die Verordnungen vom 10. März 2020, LA-KAT-COVID-EPI/57/12020 und vom 12. März 2020, LA-KATCOVID-EPI/57/3-2020, die Gemeinde Ischgl betreffend, außer Kraft.

§ 4

Wer gemäß § 1 dieser Verordnung zuwiderhandelt, begeht gemäß § 40 Epidemiegesetz 1950 eine Verwaltungsübertretung und ist mit Geldstrafe bis zu € 1.450,–, im Falle ihrer Uneinbringlichkeit mit Freiheitsstrafe bis zu vier Wochen, zu bestrafen.

e). <u>Thema: Die Quarantäneverordnung.</u> Die Verordnung der Bezirkshauptmannschaft Landeck <u>vom 13. März 2020, LAKAT-COVID-EPI/ 57/9-2020,</u> <u>kundgemacht am 14. März 2020 </u>im Boten für Tirol Nr. 128/2020, lautete:

VERORDNUNG der Bezirkshauptmannschaft Landeck Verkehrsbeschränkende Maßnahmen nach dem Epidemiegesetz 1950 für die Gemeinden im Paznauntal und Gemeinde St. Anton a. A.

Um eine geordnete Rückkehr der Gäste in die Heimatländer sicherstellen zu können, den Verbleib einer relevant großen Menschenmenge in den Hotspot -Gebieten zu unterbinden und gleichzeitig aber eine mögliche zusätzliche Verbreitung der SARS-CoV-2 durch Heimreisen bzw. in den Gemeinden einzudämmen, werden für das Paznauntal, darunter zählen die Gemeinden Galtür, Ischgl, Kappl und See sowie für die Gemeinde St. Anton am Arlberg nachstehende Anordnungen getroffen.

Die Bezirkshauptmannschaft Landeck verordnet als zuständige Behörde gemäß § 24 Epidemiegesetz in der geltenden Fassung folgende Maßnahmen zum Schutz vor der Weiterverbreitung des Corona-Virus (SARS-CoV-2):

§ 1

a) Die Zu- und Abfahrt ins Paznauntal und nach St. Anton am Arlberg wird mit Ausnahme der unter lit. b angeführten Bestimmung verboten. Dieses Verbot gilt insbesondere für das Personal der Tourismusbetriebe und für Gäste aus Österreich.

Davon ausgenommen werden (Einsatz-) Fahrten der Blaulichtorganisationen, allgemeine Versorgungsfahrten (z.B. Lebensmitteltransporte) und Dienstleistungen im Bereich der Daseinsvorsorge (z.B. Straßendienst, Müllabfuhr, Dienstleistungsbetriebe, öffentlicher Verwaltungsdienst, öffentlicher Kraftfahrlinienverkehr), Fahrten zur Erfüllung der täglichen Bedürfnisse und Fahrten zur Aufrechterhaltung der Gesundheitsfürsorge, sowie Alten- und Krankenpflege und individuelle unaufschiebbare Fahrten (z.B. Dialysepatient etc.).

b) Sonderregelung für Urlaubsgäste aus dem Ausland: Das gesamte Paznauntal und die Gemeinde St. Anton a. A werden insofern verkehrsbeschränkt, als für ausländische Gäste die Abfahrt aus den betroffenen

Gebieten (Paznauntal und die Gemeinde St. Anton am Arlberg) nur mehr kontrolliert und nur mehr unter bestimmten Voraussetzungen möglich sein wird.

Im Rahmen der Regelung für das Abreisemanagement ist für jeden abreisenden Gast aus dem Paznauntal oder der Gemeinde St. Anton a. A. in das Ausland das beiliegenden Formular mit den wesentlichen Kontaktdaten auszufüllen und an den Kontrollpunkten der Exekutive vorzuweisen.

§ 2

Die Organe des öffentlichen Sicherheitsdienstes haben die Beschränkungen zu überwachen und gegebenenfalls sicherheitspolizeilich einzuschreiten.

§ 3

Diese Verordnung tritt am Tag der Kundmachung an der Amtstafel der Gemeinden sowie der Bezirksverwaltungsbehörde in Kraft und mit Ablauf des 28. März 2020 außer Kraft.

§ 4

Wer gemäß § 1 dieser Verordnung zuwiderhandelt, begeht gemäß § 40 Epidemiegesetz 1950 eine Verwaltungsübertretung und ist mit Geldstrafe bis zu € 1.450,–, im Falle ihrer Uneinbringlichkeit mit Freiheitsstrafe bis zu vier Wochen, zu bestrafen."

Quelle: Verfassungsgerichtshof V 355-356/2020-9, 14. Juli 2020 [173] sowie im Ermittlungsakt ON169

---

[173] V355-356/2020-9, https://www.ris.bka.gv.at/Dokumente/Vfgh/JFT_20200714_20V00355_00/JFT_20200714_20V00355_00.pdf (abgerufen am 28.9.2020)

Coronavirus: Isländische Gäste im Tiroler Oberland dürften sich bei Rückflug im Flugzeug mit Coronavirus angesteckt haben

14 Personen aus Island, die bereits am Wochenende wieder abreisten, verbrachten vergangene Woche ihren Skiurlaub im Tiroler Oberland. Nach ihrer Rückkehr nach Island wurden mehrere Personen positiv auf das Coronavirus getestet. Nach ersten Erhebungen und infolge einer schriftlichen Information vonseiten eines Betroffenen an den Beherbergungsbetrieb dürfte sich die Ansteckung erst im Flugzeug bei der Rückreise von München nach Reykjavik ereignet haben. „Unter dieser Annahme erscheint es aus medizinischer Sicht wenig wahrscheinlich, dass es in Tirol zu Ansteckungen gekommen ist", so Landessanitätsdirektor **Franz Katzgraber**. Konkret befand sich beim Rückflug ein aus dem Italienurlaub kommender und am Coronavirus erkrankter Fluggast an Bord – die Fluggäste wurden vonseiten der Fluglinie darüber informiert. Derzeit finden weitere behördliche Abklärungen statt.

Weitere Informationen zum Coronavirus

Telefonische Kontakte:

Kostenlose 24-Stunden-Hotline des Landes Tirol: 0800 80 80 30

Telefonische Gesundheitsberatung: 1450

Erhebungen zu am Coronavirus erkrankten Norweger im Bezirk Landeck weiter im Gange

Personen mit Symptomen, die sich von 15.2. bis 7.3. in der betroffenen Bar befunden haben, können sich an Gesundheitshotline 1450 wenden

Gestern Abend wurde bekannt, dass ein Norweger im Bezirk Landeck positiv auf eine Coronavirus-Erkrankung getestet wurde. Die gesundheitsbehördlichen Erhebungen dazu sind derzeit weiter im Gange. Fest steht, dass der 36-Jährige als Barkeeper im Kitzloch in Ischgl gearbeitet hat. „Eine Übertragung des Coronavirus auf Gäste der Bar ist aus medizinischer Sicht eher unwahrscheinlich", informiert **Anita Luckner-Hornischer** von der Landessanitätsdirektion Tirol. „Im Sinne einer maximalen Transparenz und Aufklärung gibt es für alle BarbesucherInnen, die vom 15.2. bis 7.3. in dieser Bar waren und aktuell grippeähnliche Symptome aufweisen, die Möglichkeit, sich an die telefonische Gesundheitsberatung 1450 zu wenden und ihren Gesundheitszustand abzuklären", so Luckner-Hornischer, die betont: „Für alle BesucherInnen, die im besagten Zeitraum in der Bar waren und keine Symptome aufweisen, ist keine weitere medizinische Abklärung nötig. BarbesucherInnen, die aktuell grippeähnliche Symptome haben, sollen die Gesundheitshotline 1450 wählen und werden in der Folge ärztlich abgeklärt. Es gibt keinen Grund zur Beunruhigung." Die gesundheitsbehördlichen Erhebungen haben zudem ergeben, dass aktuell 22 Personen zu den engen Kontaktpersonen des Norwegers zählen. Diese wurden mittlerweile isoliert und für 14 Tage unter Quarantäne gestellt. Weitere Kontaktpersonen, die nicht zum engen Kreis zählen, werden über einzuhaltende Hygiene- und Verhaltensmaßnahmen informiert und sind angehalten, wie auch enge Kontaktpersonen ihren Gesundheitszustand für die kommenden zwei Wochen zu beobachten. Damit sind in Tirol aktuell sechs Personen am Coronavirus erkrankt, zwei Personen sind nach einer Corona-Erkrankung mittlerweile wieder völlig gesund.

Weitere Informationen zum Coronavirus

22. Screenshot Ischgl-Homepage vom 10.3.

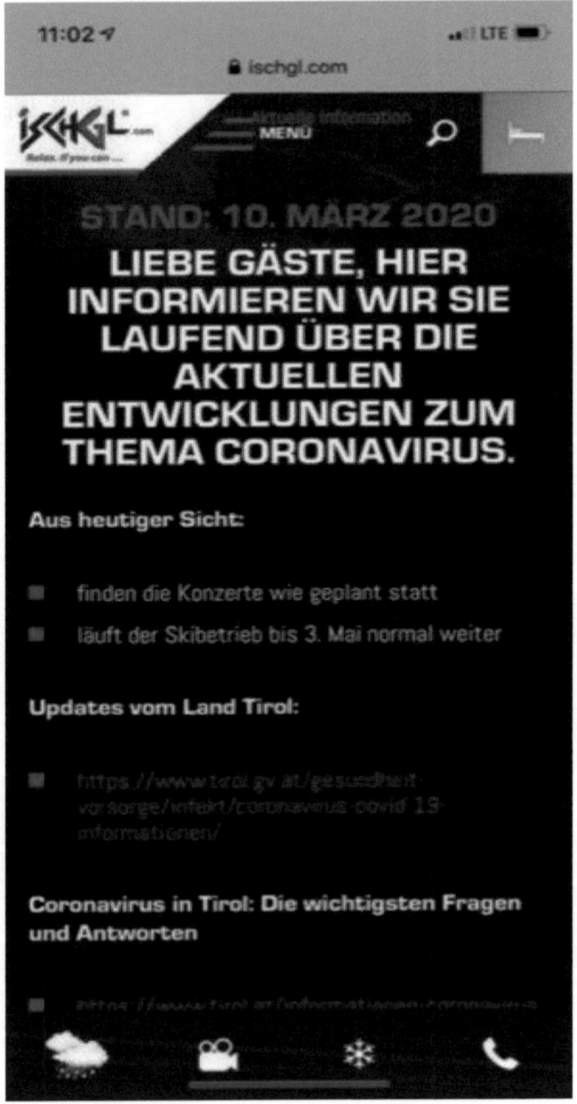

Landessanitätsdirektion für Tirol 16.03.2020

ALLGEMEINES
COVID-19-INFORMATIONSBLATT

Was ist COVID-19?
Coronaviren (CoV) bilden eine große Familie von Viren, die beim Menschen leichte Erkältungen bis hin zu schweren Lungenentzündungen verursachen können.

Wie wird das Virus übertragen?
Nach bisher vorliegenden Informationen besteht die Möglichkeit einer Mensch-zu-Mensch-Übertragung durch eine Tröpfchen- oder Schmierinfektion. Das Übertragungsrisiko von Mensch zu Mensch ist relativ gering und liegt nach derzeitigem Informationsstand etwas höher als jenes der Influenza. Vergleichsweise sind Masernviren 5-7x leichter übertragbar.

Wie äußert sich die Krankheit?
Häufige Anzeichen einer Infektion mit dem neuartigen Coronavirus sind unter anderem Fieber, Husten, Atembeschwerden. In schwereren Fällen kann die Infektion eine Lungenentzündung, Nierenversagen und vor allem, wenn schwere andere Erkrankungen bereits vorbestehen, den Tod verursachen. Es treten hauptsächlich milde Verlaufsformen auf, die keiner stationären Betreuung bedürfen.

Wie lange dauert die Inkubationszeit?
Derzeit wird davon ausgegangen, dass die Inkubationszeit in der Regel 2-7 Tage (max. bis 1-14 Tage) beträgt.

Wie lange ist die ansteckungsfähige Zeit?
Die Dauer der Ansteckungsfähigkeit wird derzeit mit einem Tag vor Erkrankungsbeginn bis zu 2 Tagen nach Beendigung der Symptomatik, zumindest aber mit 10 Tagen vermutet, und bleibt daher offen.

Wie wird die Krankheit behandelt?
Die Behandlung erfolgt symptomatisch, das heißt durch Linderung der Krankheitsbeschwerden, wie zum Beispiel fiebersenkende Mittel. Eine Impfung steht nicht zur Verfügung.

Wer ist gefährdet?
Vor allem sind Menschen mit engem Kontakt zu einem an neuartiger Coronavirusinfektion Erkrankten oder Verstorbenen gefährdet (z.B. Familienangehörige, medizinisches Personal, ohne entsprechende Schutzausrüstung). In einem deutlich geringeren Ausmaß könnten Reisende aus China und allen Risikogebieten (tägl. Änderungen möglich), die unwissentlich Kontakt mit einer an SARS-CoV-2 erkrankten Person hatten, infektionsgefährdet sein.

Weitere Informationen für besorgte Bürgerinnen und Bürger:
https://www.sozialministerium.at/Themen/Gesundheit/Uebertragbare-Krankheiten/Infektionskrankheiten-A-Z/Neuartiges-Coronavirus.html
Coronavirus Hotline: Expertinnen und Experten der AGES beantworten Fragen rund um das Corona-Virus.
**Telefon: 0800 555 621 - (7 Tage in der Woche, 0 bis 24 Uhr) sowie die
Hotline des Landes Tirol: 0800 80 80 30 (7 Tage in der Woche, 0 bis 24 Uhr)**

22. Literatur und Quellenverzeichnis

AGES zur epidemiologischen Abklärung des Cluster S, https://www.a-
ges.at/service/service-presse/pressemeldungen/ages-zur-epidemiologi-
schen-abklaerung-des-cluster-s/ (abgerufen am 27.9.2020)

Anfragebeantwortung (2548/AB) durch den Bundesminister für Soziales, Gesundheit, Pflege und Konsumentenschutz Rudolf Anschober,
vom 19.8.2020: Zu der schriftlichen Anfrage (2535/J) der Abgeordneten Mag. Gerald Loacker, Kolleginnen und Kollegen an den Bundesminister für Soziales, Gesundheit, Pflege und Konsumentenschutz betreffend Maßnahmen rund um die Infizierung ausländischer Touristen in
Tirol mit dem Covid-19 Virus, (2548/AB zu 2535/J, XXVII. GP)

Anfragebeantwortung (1335/AB) durch den Bundesminister für Soziales, Gesundheit, Pflege und Konsumentenschutz Rudolf Anschober,
vom 27.5.2020: Zu der schriftlichen Anfrage (1320/J) der Abgeordneten Mag. Gerald Loacker, Kolleginnen und Kollegen an den Bundesminister für Soziales, Gesundheit, Pflege und Konsumentenschutz betreffend Verheerende in Interventionen und Behördenversagen in den
Causen Ischgl und Sölden, (1335/AB zu 1320/J, XXVII. GP)

Anfragebeantwortung (1636/AB) durch den Bundesminister für Soziales, Gesundheit, Pflege und Konsumentenschutz Rudolf Anschober,
vom 18.6.2020: Zu der schriftlichen Anfrage (1594/J) der Abgeordneten Mag. Selma Yildirim, Kolleginnen und Kollegen an den Bundesminister für Soziales, Gesundheit, Pflege und Konsumentenschutz betreffend Abreise von Saisonarbeitskräften und Gästen aus den Corona-
Quarantänegebieten in Tirol (1636/AB zu 1594/J XXVII.GP)

Anfrage der Abgeordneten Mag.a Selma Yildirim, Genossinnen und Genossen an den Bundesminister für Soziales, Gesundheit, Pflege und
Konsumentenschutz, 22.04.2020: betreffend Abreise von Saisonarbeitskräften und Gästen aus den Corona-Quarantänegebieten in Tirol
(1594/J XXVII.GP)

Answer given by Ms Kyriakides on behalf of the European Commission, E-002015/2020, 24.7.2020, https://www.europarl.europa.eu/doceo/document/E-9-2020-002015-ASW_EN.pdf (abgerufen am 1.9.2020)

Après-ski: The Spread of Coronavirus from Ischgl through Germany, CEPR Press - COVID ECONOMICS, Issue 22, S. 177ff (https://www.ifw-kiel.de/de/experten/ifw/gabriel-felbermayr/apres-ski-the-spread-of-coronavirus-from-ischgl-through-germany-12267/)

Bericht der Unabhängigen Expertenkommission 2020: Management COVID-19-Pandemie Tirol, Innsbruck, zitiert als Bericht Expertenkommission

Berka, Walter 2012: Verfassungsrecht. Grundzüge des österreichischen Verfassungsrechts für das juristische Studium, Wien, 4. Auflage

Bundesminister für Arbeit, Soziales, Gesundheit und Konsumentenschutz 2020: 15. Verordnung betreffend anzeigepflichtige übertragbare Krankheiten, Wien https://rdb.manz.at/document/ris.c.BGBl__II_Nr__15_2020/formats/ris.c.BGBl__II_Nr__15_2020.pdf (abgerufen am 1.9.2020)

Bundesministerium Inneres, SKKM Koordinierungsstab SARS-CoV-2/COVID-19, Briefing, Info-Slides vom 28. Februar 2020 bis 15. März 2020, zitiert als SKKM Koordinierung, mit Tagesangabe

Der Europäische Datenschutzbeauftragte 2009: Stellungnahme zu einer am 18. Februar 2009 von der Europäischen Kommission erhaltenen Meldung für die Vorabkontrolle in Bezug auf das Frühwarn- und Reaktionssystem (Early Warning Response System, „EWRS"), Brüssel, https://edps.europa.eu/sites/edp/files/publication/10-04-26_ewrs_de.pdf (abgerufen am 1.9.2020)

Ergebnisprotokoll - Sitzung des Beraterstabs der Taskforce Corona, 2020: Wien, zitiert als Ergebnisprotokoll mit Datumsangabe, www.sozialministerium.at

Klage Corona (H.S.) 2020: Amtshaftungsklage gegen die Republik Österreich, Kläger*innen vertreten durch die Rechtsanwälte Brauneis, Klauser, Prändl, eingereicht am Landesgericht für Zivilrechtssachen Wien am 21.9.2020, Wien 2020

Kreidl, P., Schmid, D., Maritschnik, S et al. 2020: Emergence of coronavirus disease 2019 (COVID-19) in Austria, in: Wiener Klinische Wochenschrift, Wien https://doi.org/10.1007/s00508-020-01723-9 (abgerufen am 28.8.2020)

Landespolizeidirektion Tirol 2020: Abschlussbericht Teil eins, Fotokopie, Innsbruck, zitiert als LPD 1

Landespolizeidirektion Tirol 2020: Abschlussbericht - Beilagen eins, Fotokopie, Innsbruck, zitiert als LPD Beilagen 1

Landespolizeidirektion Tirol 2020: Abschlussbericht - Beilagen zwei, Fotokopie, Innsbruck, zitiert als LPD Beilagen 2

Strafakt Staatsanwaltschaft Ischg 2020: Ordnungnummer 75 bis 173, Innsbruck, zitiert als Akt ONXX (Nummer des Aktenstücks)

Toth, Barbara, „Was passiert, wenn es eng wird?", in: FALTER 20/20 vom 12.05.2020

Wirtschaftskammer Tirol - Die Seilbahnen 2019: TIROLER SEILBAHNWIRTSCHAFT IN ZAHLEN 2018, Innsbruck https://www.wko.at/branchen/t/transport-verkehr/seilbahnen/Seilbahnen_Zahlen_2018.pdf